JN274813

◎勁草法学案内シリーズ

著作権法案内

半田正夫

勁草書房

はしがき

1　最近、常識では考えられないような事件が相次いで現れています。その1つは、全聾の作曲家として喧伝された佐村河内氏の作品がじつはすべて他人の手に成るもので、彼は現代版ベートーベンを演じきっていただけにすぎないという事件です。もう1つは、万能細胞であるSTAP細胞の作製に成功したとネイチャー誌に発表された弱冠30歳の小保方女史の研究成果のもととなる論文に捏造があったと理研の調査委が結論を下したという事件です。この2つの事件はまったく無関係のようにみえますが、共通している部分があるのです。それはいずれも著作権法に関係しているということです。すなわち、前者は、作られた楽曲の著作権はだれに帰属するのか、CDとして発売された印税は誰のものになるのかが問題となるでしょうし、後者では、共同研究者の責任はどうなるのか、他人の論文をコピペしたといわれる箇所の法的責任はどうなるのかなどが問題となることでしょう。これらはいずれも著作権法の分野の問題だといえます。これでお分かりのように、一見、著作権とは関係のない領域にみえても実は著作権と深いかかわりがある場合が多いのが現状です。まして、情報化時代といわれる今日、インターネットなどを通じて他人の情報を簡単に入手できるようになってきました。これの利用による便利さは一昔前には考えられないほどです。しかし、ここで得られる情報の大部分は著作権で保護されている他人の財産であるということを利用者はあまり意識していないのではないでし

はしがき

ょうか。便利だからと無意識に利用していると、思いがけないときに著作権侵害だとしてクレームがつけられかもしれません。したがって、著作権法に関する最小限の知識をもっていることが現代に生きるわれわれに要求されているところといえましょう。筆者が本書を書くにいたったきっかけは、まさにこの点にあったのです。

2 　執筆にあたって筆者がとくに意を用いたのは次の諸点です。

まず第一に、本書では、著作権についてなんらかの関心をもってはいるが、その知識を全くもっていないヒトを対象に、著作権制度の仕組みをわかりやすく解説しようと試みたものです。法律書では一般に定義・要件・効果という叙述の形式をとりますが、このような方式では正確な知識を読者に与えはしますが、反面、無味乾燥で退屈きわまりないというものになりがちです。とくに著作権法は相次ぐ改正によって非常に複雑になっていますので、これを教科書風に書けばきわめて平板なものになる恐れが生ずると思われます。そこで悩んだ末に本書では思い切ってQ&Aの形式をとることにしました。こうすることによって、重要な箇所については紙数を多く割き、それほど重要でない箇所は思い切って簡略化あるいはカットすることができ、全体にメリハリをつけることになったと自負しています。

第二に、読者のニーズに応えるように質問項目をたくさん設けたことです。長年にわたる大学での講義や各種団体における講演などにおいて、受講者には共通の疑問が数多くあるのを知りました。本書で取り上げた質問項目の多くは彼らの疑問をもとにしたものです。この疑問に応えるためには、説明が冗長になったり、あるいは重複して説明する箇所があったりする場合もありますが、あえてここでは避けることはしませんでした。そのような箇所はそれだけ重要な

箇所だと思っていただけたら幸いです。

　第三に、初心者のみならず、上級者にも読みごたえあるものにするよう、ハイレベルの問題点についても解説を施したことです。Q&A形式にしたのは、上級者が必要に迫られて関係部分についてだけ読むこともあるのではないかと思い、そのニーズにも応えるようにとの意図をも含んでいるからです。したがって初心者には分かりにくい箇所もあるかと思います。たとえば、**Q11**、**Q35**、**Q55**、**Q59**、**Q72**、**Q73**、**Q108**、**Q113** などです。初心者はこの部分については飛ばして読んでもかまいません。後で必要になったときに読んでいただければよいかと存じます。

3　思えば、学生時代に民法学の泰斗である我妻栄先生の講義を聴く機会に恵まれ、その素晴らしい講義に聞きほれ、講義というものはかくあるべしと思ったものでした。その名講義を書物にした「民法案内」は若い我々の必読の書でした。今回、「民法案内」を出版し続ける勁草書房が、この名著の基本的な編集方針を他の法分野に及ぼし「勁草法学案内シリーズ」の企画を立てられ、その一冊の著者として指名されたことは望外の幸せと感じています。おそらく本書は私が半生をかけて研究してきた著作権に関する最後の書物となることでしょう。深い感慨をもって世に送り出したいと思います。

　なお、本書が成るにあたっては、勁草書房編集部の竹田康夫氏に大変にお世話になりました。ここに記して感謝申し上げたいと存じます。

2014年5月16日

　　　　　　　　　　　　　　　　　　　　　　　半田　正夫

目　　次

はしがき

目次

第1章｜著作権とはどういう権利か ── 1

1　著作権とは　2
　著作権の侵害には刑罰による制裁と民事上の救済がある
　著作権を侵害することなく著作物を利用するには

2　著作権制度の生成と著作権意識　4
　古代から中世へ　　出版特許制度から著作権制度へ　　ベルヌ条約の成立　　わが国における著作権法の成立　　制度の先走り　　プラーゲ旋風　　著作権意識の低さの原因　　著作権の尊重は一国の文化水準を測るバロメーター

3　デジタル・インターネット時代と著作権　13
　アナログ時代からデジタル時代への転換　　メディア相互間の壁の撤去　　権利処理の簡易化　　情報の伝達のインタラクティブ性　　著作物と寸分違わないクローンの誕生　　インターネットによる情報伝達のスピードアップ　　著作物流通過程の変化

4　著作権の成立　16
　著作権は無方式主義を採用　　知的創作物であっても著作物と発明では扱いが違う

目　次

第2章 | 著作者・著作権者 ── 21

1 著作者とは　22
「著作者＝著作権者」の原則　　高速道路パノラマ事件　　肖像写真の場合も例外ではない　　番組製作のマル投げ

2 著作者の確定　26
「異国の丘」の作曲者はだれか　　著作者の推定　　ゴースト・ライター　　代作

3 複数の人間の関与による著作物の製作　30
共同著作物の具体例　　共同著作物の著作権の扱い　　「共著」という言葉のあいまいさ　　結合著作物と共同著作物の違い　　結合著作物と共同著作物の区別の基準　　監修者の地位　　挿絵と小説の関係　　インタビュー記事の著作権の帰属　　座談会における著作権の帰属　　共有著作権の行使

4 職務著作（法人著作）　42
会社も著作者になる　　N鉄工事件　　Q17 の場合　　署名入りの記事の扱い　　入試問題の著作権　　機関レポジトリに登録されている論文の利用

5 映画の著作者・著作権者　49
2つの見解の対立　　立法的解決　　テレビCMの著作権帰属

第3章 | 著作物 ── 55

1 著作物とは　56
著作権の保護の対象としての著作物　　知的障害者の著作物

2 具体的にどのようなものが著作物となるのか　60

目 次

　　　　著作物の種類　　手紙の著作物性　　標語・キャッチフレーズの著作物性　　本のタイトルの著作物性　　タイトルの変更　音楽の著作物　　偶然の一致　　美術の著作物　　キャラクターの著作物性　　タイプフェイスの著作物性　　服飾デザインの盗用に対する対抗手段　　意匠権と著作権の相違　　服飾デザインの著作物性　　意匠権と著作権の重複適用の可能性　建築設計図の二面性　　地図の著作物性　　映画の著作物性　写真の著作物性　　真田広之ブロマイド事件　　プログラムの保護をめぐる争い　　著作権による保護に収斂

3　著作物を素材として作られる別の著作物　84
二次的著作物とは　　二次的著作物の利用　　編集著作物の二類型　　Q37の場合　　データベースとは　　データベースの著作物性

4　著作権で保護されない著作物　90
著作物でないもの　　著作権法で保護されない著作物

第4章｜著作者人格権 ───── 95

1　著作者人格権とは　96
著作者人格権の意義　　著作者人格権の性質

2　著作者人格権の種類　98

（1）公表権

公表権の機能　　メールの転送　　公表の同意の推定　　情報公開と公表権　　情報公開法の制定

（2）氏名表示権

氏名表示権とは

(3) 同一性保持権

同一性保持権とは　投稿のリライト　建築著作物の増改築等　建物の移設　取り壊す行為の評価　同一性保持権の侵害とはならない場合　H大学懸賞論文事件の判断

(4) その他

著作権の名誉・声望を害する著作物の利用

3　著作者の死後における扱い　113

著作者の死後における著作者人格権の行使

第5章　著作権から派生する権利 ——117

1　著作権の構造　118

著作権の仕組み　所有権と著作権の関係

2　複製権　121

複製権の及ぶ範囲　日本複製権センターの役割

3　上演権・演奏権　124

演奏権とは　カラオケの利用による営業行為

4　上映権　126

上映権とは　上映権の適用範囲

5　公衆送信権等　127

放送権としてスタート　ミュージック・サプライ事件の発生　有線放送権から有線送信権へ　さらに公衆送信権へ　自動公衆送信権とは　送信可能化権の必要性　「ロクラクⅡ」事件と「まねきTV」事件　著作物の公の伝達権

6　口述権　137

口述権とは　口述著作物の社内での利用

目　次

7 展示権　139
　原稿の展示　　書簡の展示　　美術品の所有者による公の展示と展示権

8 頒布権・譲渡権・貸与権　143
　頒布権が映画の著作物に認められた理由　　貸与権、譲渡権の承認のいきさつ　　譲渡権のはたらき　　第一譲渡後の譲渡権の消尽　　国際消尽か国内消尽か　　レコードの国内還流措置との関係　　ゲームソフトは映画著作物か　　中古ソフトと頒布権　　貸与権と脱法行為

9 翻訳権・翻案権等　152
　翻案とは　　翻案権の侵害か否かの判断

第6章　著作権の保護期間 ——————————157

1 保護期間の原則　158
　保護期間の設定　　創作時より死後50年まで　　公表時起算による例外　　**Q70**の場合　　保護期間の相互主義

2 映画著作物の例外　162
　映画の著作物の保護期間　　「ローマの休日」事件　　問題点　　旧法時代の映画の保護期間　　新法における映画の保護期間　　チャップリンの作品の場合

3 戦時加算　168
　戦時加算の特例

目次

第7章 │ 著作権の制限 ——————————— 171

1 保護期間内における著作権の制限　172
　制限の理由　　制限の仕組み

2 私的使用のための複製の自由　174
　私的複製の自由　　私的録音・録画補償金制度　　自炊代行業者の行為　　映画の盗撮防止

3 写り込み　181
　「写り込み」の扱い

4 図書館における複製　182
　図書館利用者のための複製　　国会図書館の特質　　図書資料のデジタル化　　絶版等資料の自動公衆送信による提供　　公的機関のインターネット資料の収集

5 引用・転載　185
　著作物の引用の仕方　　公的機関の広報資料等の転載　　インターネットからの資料の収集

6 教育機関における利用　189
　保護の対象外のもの　　教育機関における複製　　遠隔授業における著作物の公衆送信　　教育機関において許される複製の範囲　　教材としてのパソコンソフトの複製等　　著作物の録画とその利用　　試験問題としての複製等　　素材の著作者の人格の尊重　　試験外での使用　　見本用の教材の無断使用　　校歌の利用

7 視聴覚障害者の利用　198
　視覚障害者のための複製等　　教科用拡大図書等の作成のための複製等　　聴覚障害者等のための複製等

目次

 8 営利を目的としない上演等　201
　　営利を目的としない上演、演奏等　　楽譜の無断コピー配布
　　無料での音楽会・映画会の開催　　公共図書館内での上映会の
　　開催　　館外への貸出し
 9 公的機関における利用　205
　　官庁の内部資料としての利用
 10 事件報道のための利用　207
　　時事の事件の報道のための利用
 11 美術の著作物の利用　208
　　公開の美術の著作物等の利用　　美術の著作物の展示に伴う複
　　製　　美術著作物等の譲渡等に伴う複製等
 12 プログラム著作物の利用　211
　　プログラム著作物の複製物の所有者による複製　　インストー
　　ルは複製に当たるか　　無断複製されたプログラムの使用
　　リンクとは　　フリーウェアの扱い　　翻訳ソフトの使用と製
　　造・販売者の責任

第8章 取引の場における著作権 ─────223

 1 著作物の取引一般　224
　　4つのタイプ　　4つのタイプの相違　　出版権の設定
　　公募の一例　　公募と著作権の帰属　　**Q109** の場合　　契約に
　　よる私的使用のための複製の禁止
 2 出版権の設定　234
　　出版権とは　　著作権の譲渡・複製の許諾との相違　　著作物
　　の二次使用　　出版権の譲渡　　出版権の譲渡の対抗要件

確信変更にもとづく出版権消滅請求権　印税とは　出版者のとるべき方法　電子出版権制度の誕生

3　裁定による利用　244

著作権者不明の場合の裁定制度

4　著作権と時効　246

著作権の時効取得　著作権に取得時効の成立を認めるべきか　著作権の時効消滅

5　登録　249

著作権の登録

第9章 | 著作隣接権 ——————————253

著作隣接権とは　著作隣接権の内容　著作隣接権の保護期間　物まねと著作隣接権　ワンチャンス主義とは　CDレンタル店の登場の理由　二段構えの貸与権の設定　洋盤の扱い　商業用レコードの二次使用料請求権

第10章 | 紛争の解決と刑罰 ——————————265

1　トラブルの解決法　266

裁判によらない紛争の解決

2　民事上の救済　267

損害額の算定―原則　譲渡等数量による損害額の推定　加害者の利益の額による損害額の推定　使用料相当額の認定　著作者人格権・実演家人格権侵害の場合

3　刑事上の制裁　271

目次

　　送信可能化権の行使　　違法ダウンロードの罪　　ファイル共有ソフトの使用と著作権侵害　　技術的保護手段の回避

第11章 ｜ 国際間における著作権の保護 ―――――281

　　ベルヌ条約とは　　万国著作権条約の成立　　© 表示とは　　WIPO 著作権条約とは　　未承認国の著作権

事項索引
判例索引

第1章
著作権はどういう権利か

　最近、著作権というコトバをよく耳にします。なにか大事な権利のようなのですが、高名な学者や作家とか、プロの音楽家とかなどが関わる権利であって、ふつうのヒトとは無縁の権利のように思われがちです。しかし、そうではありません。われわれの書いた絵や文書なども著作権で保護されることがあるのです。

　それでは著作権に関心をもっていただけるよう、著作権制度の仕組みと成り立ちからみていくことにしましょう。

第1章 著作権はどういう権利か

1　著作権とは

　著作権は著作物を作成した人を保護する権利です。ここで著作物というのはなにかが問題となりますが、詳細は後に説明するとして、ここでは一応、小説、論文などの文芸・学術作品、絵画、彫刻、音楽などの芸術作品を念頭に置いてください（実際はもっと範囲は広いのですが）。また著作権からは多くの権利が派生的に生じますが、そのなかでももっとも重要な権利は複製権です（☞ **Q52**【図表5-1】）。複製というのは著作物を形のあるものに再製することをいい、小説のように文章で表現されている作品を印刷することや、音楽で表現されている作品をCD化することなどがこれに該当します。

Q1 著作権という言葉をよく耳にしますが、どういう働きをする権利なのでしょうか。

> 著作権の侵害には刑罰による制裁と民事上の救済がある

　以上を前提として、一例を挙げて考えてみましょう。シンガーソングライターのAがひとつの楽曲を作成したとします。この楽曲を偶然耳にした音楽出版社Bがこれはベストヒットすると考えて、Aに無断でこれをCD化して販売したとしましょう。このことを知ったAはどのようなクレームをつけることができるでしょうか。

　第一に考えられることは、Bの行為を犯罪行為としてこれに対して刑事上の処罰を求めることです。BはAの著作物をAに無断でこれをCD化したことにより複製権を侵害しており、複製権を侵害しているということは、とりもなおさず複製権の上位概念である著

作権を侵害していることを意味しています。著作権法によると、著作権の侵害は 10 年以下の懲役または 1000 万円以下の罰金に処せられ、またはこれが併科されることになっています（著作 119 条 1 項 1 号）。ただ 1000 万円以下の罰金は加害者が個人の場合であって、上の例のように B が会社のような法人の場合には 3 億円以下の罰金に処せられることになっています（著作 124 条 1 項 1 号）。

　第二に、A は刑事上の処断を求めることのほか、B が楽曲を CD 化して販売したことによって受けた損害を金銭に換算してその額の支払いを B に対して求めることができます。いわゆる損害賠償の請求です（民 709 条）。

　さらに第三として、A は著作物の利用差止め、つまり CD の販売の差止めを請求できることになっています（著作 112 条）。この請求が裁判所によって認められると、B はこれをすべて店頭から回収して破棄しなければならなくなります。

　以上述べたことは複製権の侵害の場合の効果ですが、複製権以外の権利、たとえば公衆送信権（☞ **Q57**）や貸与権（☞ **Q65**）を侵害した場合でも同様の扱いとなります。

| 著作権を侵害することなく著作物を利用するには |

　著作権を侵害すると、以上のような大きな制裁を受けることになりますので、B としては、こういうことのないように、あらかじめ手を打たなければなりません。では、その手とはどのようなことでしょうか。それは、事前に A から著作物利用の許可、つまり先の例においては CD 化のための許可（CD 化は複製に当たるので複製の許可）を得ることです。この許可を著作権法では「許諾」と呼んでいます。もちろん A は、B からの許諾の申込みに対してこれを拒否することもできますし、

一定の金銭の支払いと引換えに許諾を与えることもできます。Aがプロのシンガーソングライターの場合であるならば、通常タダで許諾を与えることはなく、一定の金銭の支払いを要求することになるでしょう。この金銭を著作物使用料または許諾料といいます。いずれにせよ、BはAから許諾を受ければ、晴れて大手を振って著作物を利用することができます。またAは許諾と引換えに金銭を得ることができることから、著作権はこのような金銭を得る源の権利として財産権の一種に属すると解されております。

2　著作権制度の生成と著作権意識

Q2 著作権制度はどのような過程を経て生まれてきたのでしょうか。

古代から中世へ

　　古代から中世にかけて著作権制度は存在しておりません。この時代の著作物の複製は専ら奴隷や修道士の手に委ねられていました。彼らは原本を一字ずつ筆写するという労多き写本作業に従事していたわけです。この時代にあって盗作は非難されるべきものであるとの認識は一応あったようですが、これに対しては単に道徳的な非難が課せられるにとどまり、法的制裁が加えられるまでにはいたらなかったようです。

　これが近世になると情勢は一変し、著作権制度確立への胎動がみえはじめてきます。そのきっかけを与えたのは活版印刷術の発明です。印刷術の発明は原作品から多くの複製物の作成を可能とし、頒布価格も写本に比べると低廉で、しかも写本の場合におこりがちな誤記が避けられ、さらに読みやすさで格段にすぐれているという長

2 著作権制度の生成と著作権意識

所があったため、急速に普及し、1470年代にはヨーロッパ各地で印刷が行われるようになりました。このような印刷の普及は必然的に偽版（著作者や出版者に無断で著作物を複製・出版すること）の増加をもたらすことになりました。

当時のヨーロッパはルネサンス期にあり、人々の関心は古代に向けられておりました。そのため出版においても、どちらかといえば古典の刊行に重点が置かれていました。古典の刊行に際しては、出版者は原本の整理・校注に多大の労力を費やさなければならず、そのうえ刊行後の売れ行きの危険も全面的に負担しなければなりませんでした。ところが、これに依拠して無断複製する出版者は、このような努力がいっさい不要であるばかりでなく、売れ行きの危険を全面的に負担する必要もなく、いわば他人に便乗して甘い汁だけを吸い取ることができたわけです。そしてこのような無断複製のために、合法的な出版者は売れ行きを阻害され、出版に要した費用の回収さえも困難になるという事態がしばしば生ずるようになりました。つまり、正直者が損をするという結果になったわけです。そこで出版者はこれらの無断複製に対して自己の利益を擁護し経済的な独占を図るための法的保障の必要を感じ、この需要に応える目的で登場したのが出版特許制度です。

出版特許制度から著作権制度へ

出版特許制度とは、著作物ごとに国王の特許を得ることによって、その著作物の出版独占権を確保し、国王の権力によって保護してもらうという制度です。この制度は営利の独占を望む出版者にとって都合のよい制度でしたが、国王の側にとっても、事前検閲という行政取締り上の目的を達成することができる（たとえば、国や国王を誹謗中傷する著作物の出版については特許を与え

ない、など）だけでなく、特許料を徴収することによって国庫を潤すことができるといううまみがありました。このように出版特許制度は一石二鳥ないし三鳥の効果をもたらしたために、ヨーロッパの各国において広く用いられることになったのです。

ところが、18〜19世紀にかけて市民革命が勃発し、それが勝利を収めるようになると、国王の権力は相対的に無力化し、それに伴って出版特許制度はその存立の基盤を失うはめとなってしまいました。これは特許の上にアグラをかいていた出版者たちにとって大きな打撃でした。そこで彼らは営利独占の拠りどころを他に求めようとしました。そのときに現れたのが精神的所有権論です。精神的所有権論というのは、肉体労働によって作られた物はその作った人に所有権が発生し独占的利用が保障されるのと同じように、知的労働によって生み出された「モノ」についても一種の所有権（精神的所有権）が発生し、生み出した人に独占的利用が認められなければならない、という思想であり、近代市民法の基本原理である所有権の絶対的保障の考え方に影響され生まれてきたものです。出版者はこの理論に目をつけ、自分たちに有利なようにこれを利用しました。すなわち、彼らは、著作者が著作物を作り出すとそこに精神的所有権が発生し、第一次的には著作者に帰属するが、自分たちは著作者との契約によってその権利を合法的に譲り受けたものである、と主張しはじめたのです。このような主張の仕方は、無断複製をもくろむ他の出版者に対して大きな効果をもたらしました。だがその反面、この主張は皮肉にも、著作者に対し、精神的所有権はまず第一に自分たちに帰属するはずであるという意識を植え付ける結果になってしまいました。その後、出版者と著作者との間に権利の帰属をめぐって争いが生じ、その過程のなかでますます著作者の権利意識が醸

成されるようになり、ついには著作者の保護を第一義とする著作権法の制定に成功するにいたったのです。欧米各国の著作権制度は、国情の相違によって多少の違いはあれ、おおむね以上のような経緯をたどってきています。

> ベルヌ条約の成立

20世紀に入るとヨーロッパの各国においてはそれぞれに著作権法が制定され、自国民の著作権を保護する体制が整いましたが、それはあくまでも自国民の保護だけに限定され、当然のことながら他国民の保護を眼中に置くものではありませんでした。そこで、たとえば、レ・ミゼラブルやノートルダム・ド・パリなどの作者として文豪とまでいわれたフランス人の作家ヴィクトル・ユゴーは彼の作品が英語に翻訳されて英国で出版され、それがベストセラーになったとしても、かれのもとには1ポンドの印税も支払われることがなかったのです。他人事とは思えなかった彼は、たまたま国際文芸家協会の会長であったこともあって、著作権の国際的保護の必要性を各方面に訴えかけました。それに応えたのはスイスの大統領で、著作権保護のための条約作成会議を各国に呼びかけ、かくしてスイスのベルンで1884年から国際会議が開始されました。そして1886年に「文学的及び美術的著作物の保護に関するベルヌ条約」の成立をみるにいたったのです。この条約は一般に「ベルヌ条約」と呼ばれています。同条約は、加盟国に条約の定める最低限の保護基準の遵守を要求し、これをクリアした国相互間において内国民待遇の原則を適用した点に特徴があります。つまり、ベルヌ条約にA国とB国が加入していたとすると、B国国民はA国において同国の定める著作権法の適用をA国国民と同様に受けるが、その反面、B国も自国の著作権法の適用についてA国国民

を自国民とまったく同様に扱うというものです。

> わが国における著作権法の成立

　わが国の著作権制度は、明治32（1899）年に制定された著作権法（旧法）にその起源を求めることができます。これは水野錬太郎博士の起草にかかるもので、直接にはベルヌ条約加盟の準備工作として制定されたものであるため、内容的にはベルヌ条約と多くの点で符合しており、当時としてはきわめて斬新なものでした。

　この旧法は、その後ベルヌ条約の相次ぐ改正に応じて数次にわたる部分的修正を施して、第二次大戦後にいたるまでその命脈を保っていました。しかし、戦後の急速な機械技術の進歩は著作物の利用方法に著しい変化をもたらし、他方、わが国の著作権制度の基調となっているベルヌ条約もその後何度も改正されているため、これらの情勢に対処するにはもはや部分的な修正では足りず、根本的な再検討が必要となってきました。このようにして生まれたのが現在の著作権法です。新著作権法は昭和46（1971）年1月1日に施行されています。

Q3 わが国では一般に著作権意識が低いといわれておりますが、どこにその原因があるのでしょうか。

> 制度の先走り

　上に述べたように、わが国の著作権制度は明治32（1899）年の旧著作権法の制定とともにはじまりました。このきっかけを作ったのは、1886年のベルヌ条約の成立です。当時わが国は、幕末に欧米諸国と締結した不平等な内容を有する和親条

約をなんとか改訂して平等な内容のそれに代えようとの悲願をもっていました。この交渉の過程において、各国は、日本がベルヌ条約に加盟するならば改訂に応じてもよいとの条件を提示してきたのです。そこで政府は、ベルヌ条約に加盟するためには、その前提としてまず国内法を整備し、この条約の要求に見合う法規作りが必要であるとの認識に達し、このベルヌ条約を参考にして著作権法を制定したのです。そして制定と同時にベルヌ条約への加盟を果たしたのでした。

このような経過から明らかなように、わが国の著作権法の誕生は、専ら外的要因によって行われたものであり、著作者からの強い権利主張によって実現したものではなかったのです。したがって、制定に際し、著作者の意見を聞くこともなく、一般国民から離れたところで勝手に作られ、制度だけが一人歩きをしてしまったのです。このような制度の先走りに国民がついていけなかったのは無理もなかったといえましょう。

プラーゲ旋風　　日本人の著作権意識の低さにつけこんで大騒ぎとなった事件がありますので、これを紹介しましょう。

昭和のはじめのことです。当時わが国は、ベルヌ条約に加盟したことにより、音楽著作権を国内外の作曲者に保障する体制にありました。そして音楽著作権のなかには演奏権が含まれていて、音楽を公の場で演奏する際には、それが楽団による生演奏であれ、レコードによる音楽の再生であれ、著作権者の許諾が必要というのが法の定めでした。ところが法について無知で著作権の意味についてまったく無関心なわが国民は、誰一人権利者の許諾を受けようとはせずに無断で使用していたのです。これに目をつけたのは在日ドイツ人

のプラーゲです。日本人の作曲家が自分の作った楽曲が無断で使われているのを放置しているのは本人の勝手であるにしても、外国人の音楽を本人の知らないうちに同様に無断で使用するのは許されないはずであると彼は考えました。早速ヨーロッパに飛び、各国にすでに存在していた音楽著作権管理団体（作詞家・作曲家から著作権を預かりこれを集中的に管理している団体）に赴いて、この団体から日本における代理人としての資格を手に入れ、日本にとんぼ返りをして、わが国において著作権の管理を開始したのです。

彼のやりかたはかなりえげつなかったようです。新聞などで演奏会開催の記事や広告をみると、その曲目がヨーロッパの国のものであって著作権のあるものであることを確認したうえ、主催者に対し、「何日以内に楽譜演奏使用料を支払わなければ、演奏禁止を命ずる。」旨の文書を送付したり、曲目の報告を要求して「使用許可を受けずに演奏するときは法的手続をとる。」旨の通告を出したりしました。その際の彼の要求した使用料は主催者側の弱みにつけこんでかなり法外なものであったといわれております。

これまで無償で音楽を演奏していた主催者のなかには、彼の主張は日本の慣習に反するものとしてこれを無視して演奏会を強行するものもありましたが、彼はこれら違反者に対して決して容赦することなく、法的手段に訴えて厳しい取立てを行っていったのです。彼の行動はわが国の音楽界に大きな恐慌状態を引き起こし、マスコミでは当時これを「プラーゲ旋風」と呼んだと伝えられております。

| 著作権意識の低さの原因 |

プラーゲ旋風の騒ぎは日本人の著作権意識の低さに原因があったのですが、それではわが国におけるこのような著作権意識の低さはいったいどこから来ているのでしょうか。考

えられる原因には次の３つがあるように思われます。

　第一は、すでに述べたように、わが国の著作権制度がベルヌ条約に加盟しなければならないという国家的要請から生まれたもので、いわば上から与えられたものであって、著作者みずからが権利意識に目覚め、主張を繰り返した結果獲得されたものではなかったということです。したがって、著作者はじめ国民一般が著作権に対して無関心であったのもむしろ当然であったといえましょう。

　第二は、わが国の文化がマネ文化であるということです。茶道であれ、華道であれ、日舞であれ、また歌舞伎の世界であれ、師匠や先達の所作を忠実に真似てそれを後世に伝えることが弟子の義務であり、この伝統を無視して独自の創作活動をする者を異端者として破門するのが例となっていました。このようなわが国の文化の流れからすれば、他人のモノを盗む行為はむしろ美徳として賞賛されることはあっても、非難されることはなかったといってよいのではないでしょうか。

　第三は、無形の他人のモノを尊重しないという日本人共通の性質に問題があることです。建物とか宝石などの有形の他人のモノを手に入れる場合に、これがタダでよいとはだれしも考えませんが、医者や弁護士に相談をし、口頭で得られた情報についてカネを払うのはなんとなく惜しいと感じたり、他人の意見をあたかも自分の意見であるかのように得々と話したりすることは、日常よく見かけるところです。著作物は人間の頭で考え出された無形の精神的労作です。これを犯してテンとして恥じないといった風潮は日本人共通の性質と同一線上にあるといえるように思われます。

第1章　著作権はどういう権利か

> **著作権の尊重は一国の文化水準を測るバロメーター**

　近年、米国では著作物などの知的創作物を重要な輸出財と位置づけ、外貨獲得のため積極的な攻勢に打って出てきています。映画「タイタニック」「スパイダーマン」やディズニー作品が世界中を席巻しているのはそのよい例です。そしてソフトの無断複製などの著作権侵害行為を発見すると、ただちに多額の損害賠償を請求するという挙に出ています。その場合に、わが国の企業がターゲットにされるケースが多いようです。無断複製を行うのはわが国だけではありませんが、わが国の企業は多額の賠償金の支払能力があるだけでなく、イメージダウンを恐れてトコトンまで争う気構えがなく、和解金を支払ってうやむやのうちに解決しようという傾向にあるところから、そこにつけこまれているといっても過言ではありません。

　最近では日本の産業界がこの点に着目して、他人の著作物を利用する際には慎重に対処すると同時に、自分のもっている著作物が他人に利用される場合には断固権利を主張するという防衛策を講じる体制づくりを急いでいます。遅きに失した感があるとはいえ、評価してよいと思われます。

　いずれにせよ、著作権の尊重の度合いは一国の文化水準の成熟度を示すバロメーターだといわれるように、著作権の侵害を野放しにしてはなりません。日本人も著作権に対する認識を新たにし、他人の著作物を尊重すると同時に、自分の著作物が侵害された場合には泣き寝入りすることなく、堂々と権利を主張していくことが必要と考えます。

3 デジタル・インターネット時代と著作権

Q4 いまはまさにデジタル化、インターネット化の時代ですが、著作権制度自体はこれによってなんらかの影響を受けているのでしょうか。

アナログ時代からデジタル時代への転換

　昭和46（1971）年に施行された著作権法は、制定当時における最先端の技術を念頭に置いて作られたものであるだけに、世界に誇ることのできるすばらしい内容をもった法律であるということができました。ただ、当時はアナログ時代であり、当然のことながら念頭に置かれていたのはアナログ技術にすぎませんでした。ところがその後、1980年代からデジタル時代に突入し、著作権法自体もその激しい渦に巻き込まれることになりました。デジタル技術の急速な発展と普及は著作物の利用形態に大きな変革をもたらし、それが法の改正をうながすという事態がひんぱんに生ずるにいたったのです。

　以下に、デジタル技術の特徴が著作権法に与える影響についていくつか例を挙げてみましょう。

メディア相互間の壁の撤去

　デジタル技術の登場によりメディア相互間の隔壁が取り払われ、情報すべてが同質のものとして扱われる点に特徴があります。従来のアナログ技術においては、文字、音声、静止画、動画といった情報は、それぞれ別個独立の情報メディアとされ、その間に流動・融合はありえなかったのですが、現在ではこれらが0と1のデジタル信号に置き換えられることによってすべて同

レベルの情報としてひとつのメディアに統合されることが可能になりました。このことは著作権法の領域においても重要で、これまで言語著作物、美術著作物、音楽著作物、写真著作物、映画著作物などは、それぞれ別個独立の著作物として、保護の対応の仕方も別個に扱われていましたが（たとえば、展示権（☞ **Q63** ～ **Q64**）は美術著作物と写真著作物のみに認められ、頒布権（☞ **Q65**）は映画著作物のみに認められておりました）、デジタル信号に置換えされることによってこれらの枠組みが取り払われたことで、保護の内容についても均質化が図られることが要求されるようになってきました。

権利処理の簡易化

情報のデジタル化によって、電子百科事典のような多種多様な情報を盛り込んだマルチメディア・ソフトの登場が可能となりましたが、このソフトの製作には膨大な権利処理が必要となります。マルチメディア・ソフトを作成する際には、まず多くの情報を集めなければなりませんが、これらの情報が学術論文、絵画、写真、音楽、映画などの著作物である場合には、著作権者からソフト化のための許諾とソフト完成後のそれの利用のための許諾を受けることが必要となります。しかし、膨大な情報を必要とするソフト作成者としては、個別に著作権者と契約をして許諾を取り付けるということは煩雑であるのみならず、コストも嵩み、さらには必要な情報がどこにあり、その権利をだれがもっているのかを知ることも困難をきわめていて、これらはすべてソフト作成上の障害となります。そこで情報の所在を明らかにし、かつ権利処理を一括して低廉なコストで行うことができるようなシステム作りが必要になってきます。現在、このような方向での試みが続けられておりますが、このような傾向が進むにつれ、本来の方式、つまり著作物の利

用を欲する者と著作権者とが一対一で交渉し、利用の範囲を定め利用の対価を支払うことによって許諾を得るという古典的利用形態に大きな変革を迫ることになるでしょう。

> 情報の伝達のインタラクティブ性

　デジタル・ソフトは、従来のソフトのような情報提供者による一方的な情報の伝達ではなく、ソフトの利用者が情報にアクセスしてそれを取り込み、それを自由に加工・編集できるといったインタラクティブ性をもっている点に特徴があります。著作物の利用でこれまで重要であったのは、複製、放送、貸与といった著作物のそのままの形での利用でしたが、デジタル・ソフトになるとこのほかに利用者による加工が重要な地位を占め、ソフトが簡単に変形されて著作物の同一性の識別が困難になることが予想され、著作者の利益をどのように保護したらよいのかが問題となってきます。

> 著作物と寸分違わないクローンの誕生

　デジタル方式の複製技術の進展により、本物とまったく異ならない複製物が簡単に作成できるという点もデジタル技術の特徴のひとつに挙げることができます。多大な資金が投入され、膨大な情報を蓄積しているデジタル・ソフトが簡単にコピーされることにより、ソフト作成者の利益が大幅に損なわれるようになってきています。これをどのようにして防ぐかが今後重要な課題となってくることでしょう。

> インターネットによる情報伝達のスピードアップ

　コンピュータに取り込まれた情報が、アップロードされることによりインターネットを通じて瞬時に世界中に拡散される可能性をもっているということ

です。これは著作権の保護が一国の問題にとどまらず、国際的視野でとらえなければならないということを示しているといえましょう。と同時に、作家や学者だけでなく誰でもが情報の発信者となりうるという一面も無視することはできません。

> 著作物流通過程の変化

取引界におけるこれまでの著作物の流通過程をみてみますと、書籍やレコードに顕著に現れているように、メーカーから取次店、小売店を経てユーザーの手元に渡るという流通形態をとっていました。しかしインターネットの登場により、音楽のネット配信や電子出版などを使用することによって、このような流通経路を通さずに直接ユーザーのもとに情報が流れるという伝達方法が誕生し、しだいに後者に比重がかかってきているのが現状であるということです。

4　著作権の成立

Q5 著作権が発生するにはなにか手続が必要なのでしょうか。

> 著作権は無方式主義を採用

結論から先にいいますと、著作物が創作されると直ちに著作権が発生し、法によって保護されることになります。歴史的にみますと、著作権の発生には役所の許可が必要であるとか、役所の公簿に登録をしなければならない、などの法的手続が要求されたという時期がありました。しかし、著作権を国際的に保護するためのベルヌ条約が無方式主義を採用する原則を確立したことから、現在では大部分の国が無方式主義、つまり、著作権の保護

にはいっさいの手続を不要とする建前をとっています。わが国ももちろんこの無方式主義を採用しているので、作品ができると同時に著作権が成立し、著作者はイコール著作権者となるのが原則です。

> 知的創作物であっても
> 著作物と発明では扱い
> が違う

人間の頭で考え出された知的創作物であっても、著作物と発明では扱いが異なるので注意が肝要です。発明、実用新案、意匠、商標（以下、発明で代表させます）は、知的創作物であってもその保護は一国の産業発展のためという尺度から決定されるのです。

いまA社とB社がほぼ同一の発明をしたとしましょう。かりに無方式主義を採用していたとすると、ABいずれにも権利が発生し、それぞれが製品化して発売できることになりますが、こうなると、市場が二分し、ダンピング競争の結果、発明に投じた多額の資金を回収できなくなるという危惧に絶えず脅かされることになるでしょう。このため発明をしようという意欲が減退することになれば、国の産業は衰退化の一途をたどることになりかねません。そこで、AB両者が発明をしてもその権利は一社のみに与えて権益の独占化を図ってやれば、投下資本の回収はいうにおよばず、多額の利益の獲得もまた期待できるので、また次の発明に取り組むインセンティブとなり、その結果が一国の産業の発展につながることとなりましょう。このような考えにもとづき、わが国では先願主義をとり、先に出願して登録をした者のみが権利を独占できるというシステムを採用しています。したがって、先の例で、A社がB社より先んじて登録出願を行って登録すれば、権利が登録の時点でAに発生し、B社はたとえ自社が開発した発明であってもAの許諾がないかぎり製品化できないことになります。

これに対し著作権の場合には、営利の独占や一国の産業の発展といった政策目的は意図しておらず、ただ著作物を作った人に対してご褒美として一定の期間保護を与えることにしているだけです。こうすることによって、作者は次なる作品への創作意欲が駆り立てられることになるでしょうし、それがひいては一国の文化の発展に寄与することにつながるという考えにもとづいているのです。したがって、AとBがそれぞれ独自に作品を創作したところ、それがたまたま内容的に同じものになったとしても、そのいずれもが著作権による保護の対象となります。

コラム　1　著作権と著作者の権利との違い

わが国の著作権法は、著作権のほかに著作者人格権という権利を著作者に与え、両者を総称する場合には、「著作者の権利」と呼んでいます（著作 17 条参照）。著作権と著作者人格権とは性質が違うので一緒にすることはできませんが、密接な関係があるため、たとえばドイツなどでは、両者合わせて 1 個の権利としているほどです。わが国の「著作者の権利」の具体的な中身については **Q52** の【図表 5-1】を参照してください。

コラム　2　著作権の発生と納本

法律によって国または一定機関に本を納めることを納本といいます。かつて英米両国などにおいて、納本が著作権を発生させる条件のひとつになっていました。つまり著作物の創作という事実だけでは著作権は発生せず、納本などの条件を充たした時点で著作権が発

生するという建前（方式主義）がとられていました。しかし、ベルヌ条約が無方式主義をとったことから、世界中の大部分の国では無方式主義に代わっています。わが国でも旧著作権法以来、一貫して無方式主義を採用していますので、著作権が成立するには納本などは不要ということになります。ただ、納本制度は国内で発行するすべての書籍・雑誌などを網羅的に保存し、国民共通の文化的資産として利用できるようにする利点があるため、昭和23（1948）年の国立国会図書館法が制定され、国内で発行されたすべての出版物を国会図書館に納入することが義務づけられました。他の国でも納本制度を維持している国はわが国と同じ目的で存置しているものがほとんどです。したがって、納本制度は現在、著作権の成否とまったく無関係といっていいでしょう。

第2章

著作者・著作権者

　著作権で保護されるのは著作者だそうですが、どのようなヒトが著作者なのでしょうか。多数のヒトが集まって作品を作る場合にはそれぞれ関与の度合いが違っていることも多いと思いますが、そのすべてが著作者なのでしょうか。また、個人ではなく会社などの法人が著作者ということは考えられるのでしょうか。さらに著作者と著作権者とで違いがあるのかなあ。

1 著作者とは

Q6 シンガーソングライターのAはB高校から校歌の制作を依頼され、100万円の報酬で引き受けました。制作をするにあたり、同高校から多くの資料の提供を受け、これらを参考にしながら作詞・作曲を行い、納入するとともに報酬の支払いを受けました。この場合、この校歌の著作権はA、Bのいずれに帰属するのでしょうか。

「著作者＝著作権者」の原則　　先に述べたように（☞**Q5**）、著作権は著作物の創作と同時に発生しますから、原則として第一次的には著作者が著作権者となります。例外は映画著作物の場合ですが、これについては後に述べることにします。

それでは著作者とはどういう人をいうのでしょうか。著作権法は著作者の定義として「著作物を創作する者をいう。」としています（著作2条1項2号）。これは当たり前のことを書いているように思われますが、「創作する者」に当たるか否かの基準をどこに置くかによって微妙な差異をもたらすものであって、決して自明のことがらではありません。一般的にいって、たとえば、小説家や画家にヒントやテーマを与えたにすぎない者は、実際に創作活動に携わったとはいえないので著作者とはなりません。またカメラマンの助手のように創作活動には参加しているものの、みずからの発意にもとづいて創作に関与しているのではなく、カメラマンの指揮監督の下にあってその手足として作業に従事しているだけなので、これも著作者とみることはできません。またさらに、絵画の注文者とか建築主

のように製作機会の提供者も制作の動因を与えただけですから、同様に著作者とはなりえません。

したがって、**Q6**の答えは、校歌の著作者は実際にそれを創作したAであり、著作権はAに帰属することになります。B高校が報酬を払っているか否かとはまったく無関係です。B高校が校歌の著作権を取得したければ、依頼の契約の際に、「報酬の支払いと引換えに著作権はAからB高校に譲渡される」旨の特約を結んでおくことが必要となります。

> 高速道路パノラマ事件

著作者とはなにかを示した判例を次に紹介しましょう。東京オリンピックが開かれる直前の昭和38（1963）年ころ、東京はオリンピックに備えて競技場や高速道路の建設、モノレールや新幹線の工事、さらには相次ぐホテルの建築ラッシュで、都内はいたるところで激しい騒音に包まれ、ほこりにまみれていましたが、高度成長期の高揚した気分が横溢し、東京全体が活気に満ちていました。この時期に、A社は同社の刊行する写真雑誌に「大東京の主要道路はこうなる」と題するパノラマ風の地図を掲載することを企画し、その企画にもとづき編集部員が首都高速道路公団に赴いて取材するとともに、道路の主要部分を空中撮影するなどして資料を収集しました。そのうえで、イラストレーターのBに資料を提供して地図の作成を依頼しました。その際、地図に入れる道路や建物などを指定し、さらに森や河川を着色するように指示しています。やがて完成したイラストは同誌に掲載され、大方の好評を得たようです。

ところが、その後、週刊誌を発行するC社が同様の企画を立て、Bに東京の高速道路地図を描いてもらいたいと依頼いたしました。

Bは一度手がけているので難なくこれをまとめてC社に提供し、同社の週刊誌のグラビア特集「高速道路はこうなる」と題した記事中にこれが掲載されたのです。これを見たA社は、その地図の著作権は自社にあるのにC社はこれを無断で使用したとして、C社に対して著作権侵害などを理由に謝罪広告を求めて訴えを提起したというものです。

この事件は結局、訴えたA社の敗訴となりました。A社はたしかに地図の製作の企画を立てて取材し、細かな指示を与えて作品の製作をBに依頼していますが、実際にそれを表現するにあたってはBが画家としての芸術的な感覚と技術を駆使して、みずからの創意と手法とにより製作したものであるから、著作権は創作者たるBに帰属するのであってA社にはないというのがその理由でした（東京地判昭和39・12・26下民集15巻12号3114頁）。当然の結論といえましょう。

肖像写真の場合も例外ではない

旧著作権法は他人の嘱託により製作した肖像写真の場合にだけ、上記の例外を定め、著作権はその嘱託者に帰属するものと規定していました。つまり、Aの依頼によりAの人物写真をBが撮影した場合に、その写真著作権は実際に撮影したBに帰属するのではなく、被写体であるAに帰属するとしていたわけです。このような奇妙な規定を置いた趣旨は、もしかりにこの場合の著作権がBにあるとするならば、Aは自分の写真を自由に焼き増しできないのに対し、Bはこれを自由に焼き増しして公表することができることになり、Aの人格権（肖像権）が不当に侵害されるおそれが出てくるため、これを防ぐ狙いがあったものといわれております。しかし、このような危惧は、その写真がAに無断で

利用されることのないように措置すれば足り、とくにこの場合に限って例外を認める必要はないといえるのではないでしょうか。またさらにこの規定は嘱託者が肖像本人でない場合、つまりＡがＢに対しＣを写してくれるよう依頼した場合のように依頼者はＡであるが被写体はＣである場合に、はたして適用があるのか否かも不明であり、その当否が問題とされていました（たとえば、母親Ａが娘Ｃの見合い用写真を写真家Ｂに頼んで撮ってもらったところ、その出来栄えにＡは喜んだが、Ｃとしては不満であるという場合に、ＡはＣの意向を無視しても何枚もプリントを作成してもらい、配布できることになる場合を想定してください）。そこで昭和46年制定の現著作権法はこの規定を削除し、肖像写真の場合も作成者を著作者とすることとしたため、現在ではこのような例外は存在しなくなりました。

Q7 テレビ番組の製作にあたり、テレビ局では番組のテーマ、時間、製作の意図などを１枚程度の企画書にまとめるだけで、シナリオの作成、撮影、音入れ、編集などのすべてを外注先に委託しています。著作権はテレビ局、外注先のいずれに生じるのでしょうか。

番組製作のマル投げ

ご承知のように、テレビ局では毎日、膨大な数の番組を放映しています。このような膨大な数の番組すべてを自社内で製作することはほとんど不可能ですので、勢い外部の番組製作会社の助けを借りるということになります。助けを借りるといっても、その借り方にはさまざまな形態があり、テレビ局のスタッフが中心となり、外部の業者から必要なスタッフを助っ人として借

り受け、テレビ局の主導のもとに番組の製作が行われるものから、**Q7**のように、局では番組のテーマ、放送の時間帯および時間、製作の意図を企画書にまとめ、それにもとづく具体的な製作を外注先にマル投げするものなど多様です。そして、それによって著作権の帰属の仕方も違ってきます。前者のようにテレビ局がリーダーシップをとる場合はテレビ局に著作権が帰属すると考えてよいでしょうが、**Q7**のような場合は、結論からいえば外注先に著作権が帰属すると考えて差し支えありません。さきに述べたように、実際に創作した者が著作者であり、著作権者となるわけですが（☞ **Q6**）、**Q7**の場合、テレビ局はみずからは製作せず、製作のチャンスを外注先に与えただけにすぎないので、著作者とはなりえません。よって著作権者ということにもなりません。多額の製作費を外注先に支払ったとしてもそれは変わりません。したがって、極端なことをいえば、外注先は依頼を受けて製作した映像をライバル局に提供してそこで放映されたとしても、契約違反を理由に損害賠償を請求することはできるとしても、他局の放映を阻止することはできないことになります。そうならないようにするためには、外注に出す際に、著作権は発注したテレビ局に移転することを契約上、明記しておく慎重さが肝要といえましょう。

2　著作者の確定

Q8 出版社の社長ですが、たまたま世に埋もれていた素晴らしい小説を発見しました。これを出版したいと考えています。ところが、作者として原稿にはAの名前が付いていますが、Bの作風に似ているので、Bの作品ではないかと疑う声が編集部内で

起きています。当社としては出版契約を AB どちらと結んだら いいでしょうか。AB ともに自分の作品だといっていますので。

> 「異国の丘」の作曲者 はだれか

昭和 23（1948）年 8 月、NHK「のど自慢素人演芸会」の番組のことです。小柄なその男は復員服姿で現れました。司会のアナウンサーに促されてマイクの前に立つと、思いつめたような声で語り始めました。

「自分はシベリアの収容所から帰還した者であります。収容所で皆と唄った歌を、祖国に帰る日を待ちわびている戦友に贈ります。」

唄い始めたその歌は、「今日も暮れゆく　異国の丘に　友よ辛かろ　切なかろ」で始まる「異国の丘」という曲でした。

この歌は異常なほどの反響を巻き起こし、某レコード会社がレコード化をもくろんだものの、異郷の地で歌い継がれていたものだけに、作曲者が不明でした。そこでレコード会社はレコード化の許諾を受ける必要上、広告を出して作曲者に名乗り出るように促しました。ところが、出るわ出るわ、全国からたくさんの人が「実は私が作ったものです。」と名乗りを挙げ、レコード会社を面食らわせました。調査の結果、そのすべてがニセモノでホンモノはまだ帰国していなかった吉田正であることが判明。やがて復員した彼はたちまちのうちに、一流作曲家の仲間入りを果たしたのです。

> 著作者の推定

この事件でうかがえるように、だれが著作者であるかということは作者本人は知っているでしょうが、他人からは容易に分からない場合が多いものです。実際の裁判においても、軍歌として有名な「同期の桜」の作詞者が誰であるかをめぐって争われ、結局「二輪の桜」を作って雑誌に発表していた西条八十が原

作者であることが明らかになったケースとか、童謡「チューリップ」の作詞者が本人のメモなどにより、近藤宮子の作品であることが分かり、60年ぶりに印税が彼女に支払われることになったケースなどが報道されています。

　以上のケースは、幸いなことに著作者であることを証明する方法があったので、それが決め手となり争いは解決したのですが、確たる証明方法がなく、ある作品をめぐってAとBが互いに著作者であることを主張して争う場合に、裁判所としては判断に困ることが考えられます。そこで著作権法は、このような場合に備えて、証明を簡単にするために推定規定を設けました。それによりますと、著作物の原作品に、または著作物を公衆への提供もしくは提示する際に、実名または変名として周知のものが著作者名として通常の方法により表示されている者は、その著作者として推定するということになっています（著作14条）。つまり、**Q8**のようにある作品の著作者としてAの名前が表示されているときは、事実上はどうであろうと法律上はAが著作者として推定されることになります。推定は反証を挙げてひっくり返すことができますので、Aが著作者として扱われることに不満のBは、自分が作ったものであることを裁判官に納得してもらえるように立証しなければなりません。この立証に失敗しますと、その作品の著作者はAとして扱われることになります。この立証は困難であるのがふつうですから、推定を受ける者が有利であることは間違いありません。したがって**Q8**の場合、あなたはAと契約を結べばよいということになります。

　ゴースト・ライター

　　　タレントやスポーツ選手などが本を出版するケースが最近多くなってきているようです。内容をみると、なか

なか達者な文章で書かれていて感心する場合が少なくありません。このなかにはもちろん、本人が書いたものもありますが、多くはゴースト・ライター、つまり影の執筆者が本人から話を聞いて書いているようです。彼らは新聞記者やルポライターなどがいわばアルバイトとして行っている場合が多く、達者な文章を書くのも当然といえましょう。彼らはゴーストであるから決して表面に出てくることはなく、著作者としてはタレントなどの名前が出るだけです。このような場合、実際に執筆したのはゴースト・ライターですから、法律上は彼が著作者であり著作権者ということになります。しかし一般に、契約によってライターからタレントなどに著作権が譲渡されている場合が多く、またそうでない場合であってもライターはあくまでゴーストとしてとどまり自分の正体を明かさないのがふつうですから、タレントなどが著作者として推定され、印税などの収益はすべてタレントに帰属することになるでしょう。

Q9 **A教授の助教であるBは、自分の作成した著作物がAの名前で発表されるのを長年にわたって黙認してきたが、この度ある研究所からの採用公募に応ずる必要上、A教授の名前で発表した著作物全部を自分のものであるとして名乗り出たいと考えています。はたしてそれは可能でしょうか。またすでにAの取得している印税についてそれを返してほしいと請求できるでしょうか。**

代作

Q8 で述べたように、著作権法14条によれば、公表の際にAの氏名が付けられている著作物はすべてAが

その著作者であるとの推定を受けますから、これを覆すためには、Bは自分が著作者である旨の積極的な主張と立証をしなければなりません。これが成功してはじめて、著作物にBの氏名を付することが可能となります。だが、印税の請求についてはこれとは別に考えなければなりません。なぜなら、この立証に成功してBが著作者であることが確定したとしても、著作権の帰属についてはAB間の内部関係いかんによって決まるものだからです。もしもかりに、AがBの意向を無視して独断で自分名義で公表した場合は、著作権はBにあり、Aはこれを侵害するものですから、BはAに対して印税を不当利得（民703条）として返還請求できるのみならず、Bの受けた損害について賠償請求をすること（民709条、著作114条）も可能です。しかし**Q9**のように、BがAの著作物使用を黙認していた場合は、BからAに著作権の譲渡があったか、あるいは少なくとも著作物利用の許諾があったものと考えられますので、一般に印税の返還請求はできないものと解してよいと思われます。

3 　複数の人間の関与による著作物の製作

著作物は1人の人間によって作られるとは限りません。映画のように最初から多数の人間が関与することを当然の前提としている著作物もあれば、歌謡曲のように歌詞と楽曲が通常別個の人間によって作られている著作物もあります。そのなかにあって、法は、2人以上の者が共同して創作に従事し、その結果として各人の寄与を分離して個別的に利用できない単一の著作物が作成されたとき、この著作物を共同著作物といい（著作2条1項12号）、その著作者を共同著作者と呼んでいます。

3 複数の人間の関与による著作物の製作

Q10 3人のエンジニアが協力してゲームソフトを作り上げました。この場合の著作権はどうなるのでしょうか。3人のうち2人はすぐこのソフトを商品化したいと考えていますが、残る1人は気が乗らないと言って反対しているのですが。

共同著作物の具体例

　一般に、大型のコンピュータ・プログラムを製作するにあたり、担当のセクションのエンジニアが総動員されて関与する場合などが共同著作物の典型ですが、小説や絵画など本来1人で制作される場合であっても複数の人が関与して共同著作者として扱われるケースもあります。たとえば、本格物の推理小説家エラリー・クイーン名義の作品はフレデリック・ダネイとマンフレッド・ベニントン・リーの合作であったり、ペンネーム藤子不二雄として発表された漫画が藤本弘と我孫子素雄の合作であったりしたことはあまりにも有名です。判例が共同著作物として認めたものとしては、特殊なものですが、口述筆記された文章が口述者と筆記者の共同著作物として認められたケース（大阪地判平成4・8・27知的裁集24巻2号495頁）とか、平家物語の英訳を試みていた日本人が正確な英語にするために米国人に点検してもらったという場合に2人の共同著作物として認めたケース（大阪高判昭和55・6・26無体例集12巻1号266頁）などがあります。こういった点から考えて、**Q10**の場合、ゲームソフトは3人の共同著作物で、3人はこの著作物の共同著作者とみてよいと思われます。

共同著作物の著作権の扱い

　共同著作物は1個の著作物ですから著作権は1個しか発生しません。したがって、共同著作者は1個の著作権

を共有することになります。そして著作権を行使する際には全員の合意が必要となります（著作65条2項）。**Q10**の場合、ゲームソフトを複製して販売しようとするならば全員の合意がなければなりません。1人でも反対したときは複製できないことになります。ただ、法は正当な理由なく同意を拒むことができないとしていますので（著作65条3項）、ただなんとなく反対というだけでは拒否の理由とはならないものと思われます。

Q11 本にはよく「共著」と書かれているものがありますが、これは共同著作物のことでしょうか。

「共著」という言葉のあいまいさ

　一般に「共著」とか「共著書」という語はきわめて多義的に使われているようです。たとえば、①1冊の本を作成するにあたり、ABが互いにアイデアを出し合って構想を練り、執筆の際も絶えず連絡しあって推敲を重ね、完成した本についてABの分担部分が明瞭に識別されがたい場合、②学術的著作物に多くその例がみられるように、Aの作成した本につき、その死後にBがAの文体をそのまま生かしながら訂正・補充を行い、改訂本についてはABの分担部分を区別することができない場合、③1冊の本を最初から2章構成とし、第1章をA、第2章をBがそれぞれ分担執筆する場合、④Aが編集者になり、その指示に従ってBCDがそれぞれ割り当てられた部分を単独で執筆する場合、などにおいては、いずれもその本は「共著」と呼称され、執筆者はその本の共著者として扱われることが多いようです。しかしながら、「共著」は著作権法上の共同著作物とは必ずしも一致するものではなく、む

3 複数の人間の関与による著作物の製作

しろその大部分は結合著作物であるといってよいものと思われます。

結合著作物と共同著作物の違い　結合著作物とは、外見上は1個の著作物のようにみえるが、その作品の全体の創作に関して共同行為はみられず、それぞれ独立した著作物が単に結合しているにすぎないものをいいます。たとえばオムニバス形式の小説のように、「運命」という共通のテーマでABCDがそれぞれ独立した物語を書き、それが1冊の本にまとめられたという場合は、ABCDのそれぞれの寄与部分を分離して個別に利用することが可能であるために共同著作物とみることはできません。ABCDの作ったそれぞれの部分が独立した著作物であって、それらが合体して外見上1個の著作物のようにみえるにすぎないのです。学者はこのような場合を結合著作物といい、共同著作物と区別して扱っています。

それでは、結合著作物と共同著作物とは具体的にどのような違いがあるでしょうか。箇条書きにすると次のようになります。

(1) **AとBの作成した外見上1個の著作物が結合著作物だとするとき**

ⓐ Aの作成した部分を利用しようとする者は、Aの許諾を得ればよく、Bの許諾を必要としない。

ⓑ Aは自分の作成部分の著作権をBの同意を得ることなく、自由に第三者に譲渡できる。

ⓒ Aの死後50年を経過したが、Bの死後50年をまだ経過しない場合には、Aの作成部分についてはだれでも自由に利用できるが、Bの作成部分についてはBまたはその相続人の許諾がなければ利用できない（☞ **Q70**）。

ⓓ Aがその作品の全体を利用しようとする場合には、Bの承

諾がなければならない。

(2) ＡとＢの作成した外見上１個の著作物が共同著作物だとするとき

ⓐ Ａの分担部分を利用しようとする者は、ＡとＢの許諾を得なければならない。

ⓑ ＡはＢの同意を条件に自分の持分を第三者に譲渡できる（ただし、Ｂは正当な理由がないかぎり同意を拒むことができない）が、自分の分担部分と考えられるものを切り離して譲渡することはできない。

ⓒ Ａの死亡後 50 年を経過したが、Ｂの死後 50 年がまだ経過していない場合には、Ｂの許諾なしに著作物全体のみならず、Ａの分担部分を利用することもできない。

ⓓ Ａがその作品の全体を利用しようとする場合には、Ｂの同意がなければならない。ただし、Ｂは正当な理由がないかぎり同意を拒むことができない。

結合著作物と共同著作物の区別の基準　　それでは、結合著作物と共同著作物とはなにを基準として区別したらよいでしょうか。区別の基準の考え方としては、分離可能性説と個別的利用可能性説とがあります。前者は数人の者により作成された外見上１個の著作物の構成部分が形式的・物理的に分離することができるか否かの観点から区別しようとするものであり、分離できるものを結合著作物、分離できないものを共同著作物とする見解です。これに対し、後者は分離されたものが個別的に利用することができるか否かの観点から区別しようとするものであり、個別的利用可能なものを結合著作物、個別的利用不能なものを共同著作物とする見解です。両説は、分離可能でかつ個

別的利用可能なものを結合著作物とし、また分離不能のものを共同著作物とする点では共通です。しかし、分離可能であるが個別的利用不能のものについて、分離可能性説ではこれを結合著作物とみるのに対し、個別的利用可能性説では共同著作物とみる点で違いが生じます。著作権法は共同著作物の定義において、「2人以上の者が共同して創作した著作物であって、その各人の寄与を分離して個別的に利用することができないものをいう。」（著作2条1項12号）と規定しているところからみて、利用可能性の有無に視点を合わせたものとみるべきでしょう。理論的にみても、形式的な分離可能性によって区別するよりも実質的な判断を加えた利用可能性説のほうがすぐれていると思われます。

この利用可能性説の基準に従い、32頁の諸例について結合著作物か共同著作物かを検討してみれば、①は共同著作物、②は改訂本のみ共同著作物、③は結合著作物ということになると思われます。

ところで、④のように、Aの編集によりBCDが分担執筆している場合はどのように考えたらよいでしょうか。思うに、実際に執筆に関与しているのはBCDですから、BCDはそれぞれ自己の担当部分について単独著作者としての保護を受け、他方、Aの行為はBCDによって書かれた原稿を一定の方針または体系のもとに選択・配列するものですから、そこに創作性が認められるならば、Aは編集著作物の著作者として保護を受けることになります（著作12条1項）。したがってこの本は、結合著作物と編集著作物とが重複・併存する独自の著作物ということになり、その結果として、本全体を第三者が利用しようとするときはABCD全員の許諾を必要とし、Bの部分だけを利用しようとするときはBの許諾さえあればよいということになりましょう（☞ Q37）。

第2章　著作者・著作権者

Q12 本にはよく著名人が「監修者」として表示されている場合がありますが、この人は著作者なのでしょうか。

監修者の地位

　　監修者が著作権法上どのような権限をもつのかについて明文の規定はありません。したがって具体的なケースごとに、監修者がその本の作成にどのような寄与をしているかを慎重に判断しなければなりません。その際には、次の点を考慮すべきでしょう。

　本の内容を権威づけるために監修者として名前を借りてはいるが、監修者自身は本の作成にはまったく関与することなく、著作行為はすべて他の者が行っているという場合は、監修者が著作者となることはありません。監修者も他の執筆者と一緒に著作行為に加わっており、それら執筆者の代表という意味で特定の著名人が監修者という名称を付けられているという場合は、監修者は共同著作者となり、他の執筆者と著作権を共有することになります。また、みずからは担当部分をもたず、他の執筆者の書いたものに訂正・加筆したにすぎない場合であっても、その程度により著作行為と認められるときは、共同著作者となりえます。ただ、原稿に目を通して気の付いた点を指摘するだけでは、著作行為ありとは認められないと思いますので、著作者とはいえないでしょう。

　監修者と名づけられているが、実際には編集の仕事を担当している場合には、監修者は編集著作権の帰属主体となります。もっとも、そのためには、多くの執筆者によって書かれた原稿を一定の方針に従って選択・配列し、そこに創作性が認められなければなりません（著作12条1項）。この場合、編集著作物の部分を構成する原稿の著

作権は各執筆者にあり、監修者はこれに権利をもつことはありません（著作12条2項参照）。編集著作物については後に詳しく触れることにします（☞ **Q37**）。

Q13 新聞に連載中の小説に挿絵を描いている画家ですが、連載終了後、その挿絵を集めて出版したいと考えています。この場合、小説家の同意を必要とするでしょうか。

挿絵と小説の関係　　一般に挿絵は、小説の本文を図解する目的で、本文と一体をなすという意図のもとに製作されるものですが、挿絵は一面において本文内容の説明であると同時に、他面においてそれ自身一個の芸術品として本文を引き立て、本文と相まって読者の感興を喚起するという使命をもっています。このうち前者を強調すれば、挿絵は小説と一体となって一個の共同著作物となり、挿絵画家は小説家とともに著作権を共有することになります。また後者を強調すれば、挿絵と小説とは結合著作物となり、挿絵画家は挿絵についての単独著作者ということになります（☞ **Q11**）。いずれとみるかは、個々の場合に種々の事情を参酌して決めなければなりませんが、一般的には、挿絵は本文と切り離してそれだけで鑑賞に値する芸術的作品であり、また小説も挿絵の有無にかかわりなくそれ独自に芸術的意義をもつものであるから、原則として結合著作物と解すべきものと思われます。もちろん挿絵は小説の内容にヒントを得て作成されるものですが、そのことは **Q6** で述べたように、挿絵画家の著作権帰属になんら影響を与えるものではありません。したがって、原則として挿絵画家は小説家の同意を得ることなく出版

をすることができます。

　だがここでひとつ問題となるのは、挿絵集を出版する際に小説の筋の進展の順に配置した場合、それが小説の「複製」に該当しないか、という点です。かりにこれに該当するということになれば、小説家が小説についてもっている著作権はこの複製権を含んでおりますので（著作21条）、挿絵集の出版には小説家の許諾が必要になってきます。著作権法は、複製の意義について、「印刷、写真、複写、録音、録画その他の方法により有形的に再製すること」（著作2条1項15号）とのみ規定し、はたしてこのような場合がこれに当たるかは必ずしも明らかではありません。しかしながら、旧法時の判例には、「複製とは人をして原作を感覚せしめるに適する一切の有形的手段をいう。」（大判大正3・7・4刑録20輯1360頁）と述べているものがあり、これは現行法においてもそのまま妥当すると思われます。それを参考にして考えるならば、当該挿絵によって小説の筋を推知できるか否かの観点から決するのがもっとも適当と考えられます。この基準に従って判断すれば、本に収録されている挿絵数が全体からみてほんの一部分にすぎない場合は、それによって小説の内容を推知することはできないと思われますので、小説の複製には該当せず、したがって、その出版には小説家の許諾は必要ないということになります。これに反し、本に挿絵の全部または大部分が収録されており、しかも挿絵のそれぞれに若干の解説がつけられているような場合は、小説の筋を追いその内容を推知することができるので、小説の複製に該当すると認められる余地が出てくるものと思われます。したがって、この場合には、あらかじめ小説家の許諾を得ておいたほうが安全だといえましょう。

3 複数の人間の関与による著作物の製作

Q14 地震に関する専門家ですが、このたび記者からインタビューを受けて、東日本大震災に関していろいろ発言しました。その内容が新聞に掲載されましたが、その著作権はだれに帰属するのでしょうか。

インタビュー記事の著作権の帰属

インタビューの仕方や記事のまとめ方には種々の形態がありますので、一概に決めることはできないかと思いますが、ここでは次の3つの場合に分けて考えてみましょう。

(1) 記者の質問に対し専門家の答えた内容がそのまま記事にまとめたられたにすぎない場合　この場合は、専門家が一方的に話した内容を記者が口述筆記の形で記事にまとめたものですから、たとえ多少の修飾なり修正があったとしても、それは専門家の単独著作物であり、著作権は彼のみに帰属すると考えてよいでしょう。

(2) 記者と専門家とが対談形式で話をし、それをそのまま記事にまとめた場合　この場合は、記者と専門家との掛け合いによって議論が発展し、ときには思いがけない方向にまで話が展開していくことが多いようですから、これをまとめた記事は原則的に共同著作物であり、著作権は専門家と記者（職務著作の要件（☞ **Q17**）を充たしていれば新聞社など）の共有ということになるでしょう。

(3) インタビューに答えて専門家が長時間話したことを記者が要約した場合　専門家の話した内容は口述著作物として彼のみに著作権が帰属しますが、記者による要約の部分は二次的著作物（☞ **Q36**）として記者（職務著作の要件を充たしていれば新聞社など）

に著作権が帰属すると考えてよいと思われます。

Q15 雑誌で座談会を企画しました。議論は長時間に及び、これを録音したところ膨大な量になりましたが、紙数の関係上、編集者が発言をピックアップしてまとめ上げました。このような場合、著作権はどうなるのでしょうか。

座談会における著作権の帰属

座談会は出席者同士の掛け合いによって議論が発展・昇華していくものですから、原則として出席者全員の共同著作物と考えるべきものと思われます。司会者も、論点の整理や議論の方向付けなどに積極的に関与している場合には、これをも含めて共同著作物となると考えてよいでしょう（☞ **Q10**）。

このようにして作られた座談会を雑誌に載せる場合には、**Q15**のように紙数の関係上、発言内容に反しない程度にピックアップして要約するという作業がどうしても必要になってきます。その作業も創作性が認められますので、それは二次的著作物として保護の対象となります（☞ **Q36**）。したがって、雑誌に掲載された座談会には以上のすべての著作権が関わってきますので、第三者がこれを利用しようとするときは、座談会の出席者全員とこれをまとめた編集者すべての許諾がなければなりません。編集者はふつう雑誌出版社の社員でしょうから、彼の著作権は職務著作として出版社に帰属していると考えてよいと思われますので、彼の部分については出版社の許諾が必要になってくるのはいうまでもありません。

Q16 私（A）はBと長らくコンビを組んで漫才をしていましたが、

テレビに出演する際には録画しないという条件で生放送に応じていたのです。ところが、テレビ局では秘かに録画していたものとみえ、これの再放送を最近行ったのです。私はこれにクレームをつけたところ、局はBの了解を得ているからいいはずだといいます。そのようなものでしょうか。

共有著作権の行使

　漫才はボケとツッコミの絶妙な組み合わせによって感興を盛り上げるわが国独特の演芸ということができましょう。台本があらかじめ作られている場合もありますが（この場合は実演家として著作隣接権（☞ **Q120**）で保護されることになります）、多くは観客の反応をみながら即興的に話を作り替えていくもので、このような場合は演者2人による共同著作物といえるのではないでしょうか。共同著作物ということになりますと、著作権はAとBとの共有ということになります（著作65条1項）。そして共有著作権を行使する場合には共有者全員の合意が必要です（著作65条2項（☞ **Q10**））。したがって、**Q16** の場合、Bがテレビ局に録画と再放送を許諾するにあたっては事前にAの同意を取り付ける必要があったわけです。しかし、もうすでに再放送されてしまっているわけですから、テレビ局にクレームをつけてもすでに手遅れです。**Q16** の場合、法的にみますと、あなたはBに対して約束違反を理由に損害賠償を請求するしか手はないといえましょう。ただコンビを組んでいる相方にこのような請求をするのは2人の関係にヒビを入らせることになるだけで、あまり得策とはいえません。生放送だけに限定してテレビ局に放送の許諾を与えた趣旨についてBに説明し、二度とこのようなことが起こらないよう、あらためて再確認

しあうということで決着をつけたらいかがですか。

4 職務著作（法人著作）

Q17 ソフトウエアの開発を手がけているA社は、B社からソフトの作成を1000万円で依頼され、社員CDEに命じてその作成にあたらせました。この場合の著作権はだれに帰属するのでしょうか。

会社も著作者になる

　会社の社員が会社や上司の命令で報告書をまとめたり、新聞記者が解説記事を書いたりした場合に、その著作者は会社・新聞社なのか、それとも社員・新聞記者なのかが問題となります。原則論からいえば、実際に執筆した後者が著作者となるはずですが、後者は前者から給料をもらい、その仕事の一環として著作物を作成するものであり、比喩的にいえば、後者は前者の手足として活動するにすぎないものとみることもできますので、この点に着目すれば、会社や新聞社を著作者とみることもできないわけではありません。考え方としてはこのように2通りありますが、法は、著作物を利用するのは一般に会社・新聞社であるにもかかわらず、社員・新聞記者が著作者だとすると、法律関係が複雑になり、著作物の利用が困難になるとの理由で、一定の条件の下で会社・新聞社が著作者であるとしています。その条件とは、①会社等の発意にもとづきその会社の業務に従事する者が職務上作成した著作物であること、②著作者が会社である旨を表示して公表したものであること、の2つです（著作15条1項）。したがって、会社の名義で発行され

た報告書はその会社が、また記者の署名入りでない解説記事はその新聞社が著作者となり、自動的に著作権者となります。これに反し、社員が余暇を利用して書いた小説とか、社命により報告書を書いたときでもそれが社員の名前で公表された場合などでは、その社員が著作者・著作権者となることはいうまでもありません。なお、①②の条件を充たし会社等が著作者として扱われることを、一般に職務著作（あるいは法人著作）と呼ばれています。

N鉄工事件　　職務著作の②について問題となった事件を紹介しましょう。

　一部上場会社であるN鉄工は、大型のコンピュータシステムの開発を計画し、その仕事を同社のエンジニア数名に命じて開発に従事させました。完成後、会社とエンジニアとの間で意見の齟齬が生じ、エンジニアはいっせいに退社しましたが、その際、彼らは自分たちの開発した資料をコピーしそれを持ち出して、あらたにソフトハウスを設立したのです。その結果、N鉄工が莫大な費用をかけて開発した極秘事項が社外に洩れるという事態になったのです。怒った会社はエンジニアらを著作権侵害として刑事告訴したというのが本件です。ここで問題となったのは、本件資料のどこにもN鉄工が著作者であるという表示がなされていなかったため、はたして職務著作として扱えることができるかということでした（当時の著作権法には15条2項の規定は存在していなかった点に注意）。

　この事件において裁判所の判断はN鉄工の勝訴となり、N鉄工を著作者として認めました。問題となった②の条件についてですが、たしかに本件プログラムにはN鉄工が著作者であるという表示がつけられてはいないが、それは公表を予定していなかったからであ

る、かりに公表しようと考えていたならば当然N鉄工の名義が付されていたはずであり、このような場合には②の条件を充たしているといえるのだ、との見解を示したのです。

しかし、この解釈にはかなりの無理があります。この事件は刑事事件です。刑事事件では罪刑法定主義のもと法の解釈は厳格でなければならず、類推解釈は許されないということはいわば法を学ぶ者の常識となっています。そうであるならば、かりに公表されるとしたならば法人の名義で公表されるであろうとの憶測で、②の条件が具備されたと結論づけることは厳に慎まなければならないことだといえます。

このような批判の影響もあってか、昭和60（1985）年に著作権法の一部改正が行われ、プログラムが新たに著作物として具体的例示のなかに取り込まれた際には、職務著作を定めた15条の規定が問題となり、検討の結果、プログラム著作物についてのみ②の条件は不要ということで決着がつけられました。

しかし、すべての著作物についてではなく、プログラム著作物についてだけ②の条件を不要にするという中途半端な改正は別の問題点を発生させることになっています。プログラム著作物のなかにはあらかじめ公表を予定しているものもあるからです。ゲームソフトや年賀状ソフトなどがその一例です。改正法は、プログラム著作物については公表を予定しているか否かに関係なく一律に②の条件を不要としているので、ゲームソフトなどについてもこの条件はいらないということになるはずです。しかし、そうだとすると、書籍や音楽CDのように、メーカーから取次店、取次店から小売店へという流通経路をとりながら、書籍などの場合には②を必要とし、ゲームソフトなどの場合には必要なしという不均衡が生じてきます。

これでいいのかが疑問として残ります。

また、システム設計書、フローチャート、マニュアルなどなど、プログラムを中核としながらそれを取り巻くドキュメントについては、それらがプログラム著作物そのものではないことから、一般の著作物に要求されている②の条件が必要ということになります。しかし、ソフトウエアを構成するものでありながら、プログラムについては不要だが、それ以外については必要という仕組みがはたして妥当といえるかが問題となると思われます。

Q17 の場合　CDE によって完成されたソフトは、本来ならば CDE の共同著作物となり、彼らが著作権を共有するはずですが、CDE は A 社の社員であり社命によって作成したものであるので職務著作に当たります。そしてコンピュータプログラムの場合には②の条件は不要ですので、A 社が著作者であり、著作権者ということになります。B 社からの 1000 万円支払いと引換えにこのソフトは B 社に納入され、モノとしての所有権は B に帰属することになりますが、そうだとしても著作権が B 社に帰属することにはなりません。B 社が著作権を確保したければ、A 社との間で著作権譲渡契約を結んで著作権を譲り受けることが必要です。1000 万円も支払うのに著作権が当然に取得できないのは不当と思われるかもしれませんが、法律上は以上のようになります。B 社がこれを避けたいと思うのであれば、A 社への受注の際に、「1000 万円の支払いと引換えに当該ソフトの所有権のみならず著作権もまた B 社に移転する」旨の特約をしておけばよいでしょう。

Q18 A 新聞社の記者 B は、かねてより自分の名前入りで記事を書

くことがA社から認められておりますが、A新聞に掲載された自分の記事をまとめてC出版社から出版したいと考えるにいたりました。この場合、BはA社に無断でC社から出版してもよいでしょうか。

> 署名入りの記事の扱い

A新聞社の就業規則あるいはA社とBとの間の取り決めなどで、Bの作成した記事の著作権はすべてA社に帰属する旨の定めがあった場合には、BはA社の許諾なしに出版することはできません。そのような取り決めなどがなかった場合にどうなのかが問題です。本来ですと、Bの作った記事はBが著作者であり、したがってBに著作権が帰属するのが原則です。しかし、**Q17**で述べたように、職務著作の要件を充たした場合にはA社が著作者であり、著作権者ということになります。ところが**Q18**では、Bの作った記事すべてがBの署名入りで新聞に掲載されているということですから、**Q17**でいう②の要件を充たしていないということになり、結局は原則どおりBが著作者であり著作権者として扱われることになりましょう。したがってこの場合であれば、BはA社の許諾なしにC社と出版契約を結ぶことができます。ただここで注意しなければならないのは、Bが署名入りの記事の掲載をA社によって認められているのは、文責を明らかにするという意味をもつにすぎず、著作権の帰属いかんと関係ないととらえられる可能性があるということです。しかし、職務著作を定める著作権法15条の規定は実際に著作物を創作した者が著作者であり、著作権者であるという原則の例外を定めたものであり、例外規定は厳格に解釈するというのが法についての一般的な考え方ですので、

4 職務著作（法人著作）

これによるときはA社が著作者である旨の表示が新聞紙上に明らかにされない以上、内実はともかくBに著作権が帰属しているととらえるべきだと、私は考えます。

Q19 私どもの大学のこれまでの入試問題が解答を付して外部の業者によって勝手に販売されていますが、当方としてはこれを取りやめるように請求することができますか。また予備校において教材として使用されたり、甚だしい場合は他大学の入試に使用されたりする場合もありますが、その場合はどうでしょうか。

入試問題の著作権

　入試の時期が近づくと大学の入試担当の教授たちは大変な苦労を強いられるようです。高校生の学力の程度や教科書の範囲を念頭に置きながら、自校が過去に出題した問題と抵触しないように、そして他校が出題した問題にも気を配りながら作成するというのは並大抵の努力ではできないことです。まして最近の私大では、学部・学科ごとに日をあらためて試験を行うところが多く、そうなれば問題もまたそれに合わせて多く作らなければならないということになり、勢い問題のタネ切れといった事態が生じてきているようです。

　いうまでもなく入試問題はそれを作成した教授の著作物ということになりますが、それは職務著作として著作権は教授の所属している大学に帰属しております（☞**Q17**）。したがって、当大学がオープンキャンパスなどで高校生などを対象に入試問題を複製して配布することは自由ですが、外部の業者がこれを営利目的で販売することは、大学がもつ複製権を侵害することになりますので、販売の差

止めを請求することができるばかりでなく、損害賠償を請求することもできます。また、高校などにおいて教育を担当する教員が教材として入試問題を複製して授業で使用することは法によって許されておりますが、予備校のように営利目的の教育機関は除外されておりますので、著作権者の許諾がなければ使用できません（著作35条1項）。なお、問題のタネ切れの事態に対応するため、大学間で一定の期間経過した過去問を相互に融通しあう制度ができたというニュースが伝わってきています。大学同士が互いに承認しているのであれば著作権侵害とはなりませんが、問題の使いまわしは受験生間の不公平を招くおそれがあるのみならず、問題作成能力がないことを示すことにもなり、その大学の見識が問われることとなりましょう。

Q20 大学や学会の機関レポジトリに登録されている私の論文を私自身が他に転用したいと考えていますが、自由にやって差し支えないものでしょうか。

機関レポジトリに登録されている論文の利用

　大学や学会などの研究機関が学術論文などの知的生産物を電子的形態で集積し保存・公開するために設置する電子アーカイブシステムのことを機関レポジトリといいます。論文も著作物の一種ですので、他の著作物と同様、著作権は作成と同時にその著作者に発生します。機関レポジトリに登録するか否かには関係ありません。機関レポジトリに登録されているからといってその機関に著作権を譲渡したことにはなりませんから、あなたは自由に論文を他に転用することができます。ただここに例外が2つあり

ます。1つは、自然科学系の学会に多くみられるところですが、学会誌に掲載された論文については当学会に著作権が譲渡されたものとして扱われる取り決めがなされている場合には、たとえ自分の論文であっても学会の許諾がなければ他に利用することはできません。もっとも、このような場合でも学会によっては、本人が利用するかぎり、出典を明示すれば自由に使ってもよいとするなどの内規が定められている場合がありますので、内規をよく検討してみる必要があります。他の1つは、大学の機関誌に掲載された論文などにおいて、職務著作として大学が著作者として扱われている場合です（☞ Q17）。大学の教員は教育のほかに研究もその職務のひとつとなっているはずです。したがって、大学教員の作成した研究論文は、「法人等の業務に従事する者が職務上作成する著作物」という職務著作を定めた著作権法15条の要件にあてはまり、大学自体が著作者であり、著作権者として扱われる可能性があるからです。もっとも、論文の作者としてあなたの名前が表示されている場合は問題ありませんが、匿名であったり、あるいは研究会の名前で発表したような場合は大学に著作権が帰属しているという扱いになりますので、その場合には大学側の了解が必要となりましょう。

5 映画の著作者・著作権者

Q21 劇映画は大勢の人が関与して作られていますが、著作権はどうなっているのですか。

2つの見解の対立

　　映画、とくに劇映画は、原作者、脚本家、

第2章 著作者・著作権者

監督、プロデューサー、カメラマン、俳優、作曲者など多くの人の関与によって作り出される総合芸術だといわれております。このような映画において著作権を誰に帰属させるかについては2つの考え方の対立があります。1つは、映画といっても他の著作物と同様に考えるべきであり、実際に創作に関与した者が著作者であって、また著作権者であるべきだとするものです。この立場に立てば、監督、カメラマン、脚本家など、映画製作に創作的に関与した人すべてに著作権が帰属し、映画は彼らの共同著作物（☞ **Q11**）とみるべきだということになります。監督・カメラマンなどが強く主張した見解です。他の1つは、映画は映画製作者（映画製作会社）の構想の枠内で作られるものであり、製作上・興行上の責任を負担するのも映画製作者である以上、著作権も映画製作者に帰属するのが当然であるとします。東宝、松竹などの映画製作会社が強く主張した見解です。

| 立法的解決 |

以上の2つの見解は、現在の著作権法の立法過程において主張され、激しく対立し、そのために審議会においては決着がつかず、両論併記という形で答申がなされたということです。ゲタを預けられた形の立法当局者はその対応に苦慮したもようですが、結局は両者に華をもたせる形で決着しました。すなわち、映画著作物についてだけ著作権者と著作者とを分離し、著作権は映画製作者に帰属させて映画の円滑かつ迅速な利用に資する一方、映画の著作者としては制作、監督、演出、撮影、美術等を担当して映画著作物の全体的形成に創作的に寄与した者を宛て、著作者のみに認められる著作者人格権を彼らに帰属させる、という権利の二元化を図ったのです。なお、注意を要するのは、①原作者・脚本家・映

画音楽作曲者と、②俳優は映画著作物の著作者から除外されている点です（著作16条、29条1項）。①は、映画著作物と切り離して、それだけで独立して利用できる著作物の著作者であるからであり、②は、後述の著作隣接権者として別個に保護されているからです。

Q22 A社が新たに開発した商品についてテレビコマーシャルの広告制作を一任されたB広告会社は、その製作をC会社に依頼しました。製作にあたってはB社の担当社員も部分的に関与し、A社の役員も立ち会っています。完成したCMの著作権はだれに帰属するのでしょうか。

テレビCMの著作権
帰属
　　　　　映画著作物とはなにを指すのかについて直接明らかにした規定はありませんが、思想または感情を映像の連続で表現する著作物のことをいい、劇映画がその典型であることは間違いありません。たしかにテレビCMは、劇映画が劇場での上映を目的としながらも、放送やDVDによる市販など二次的使用をも意図しているのに対し、広告主あるいは特定商品などの宣伝による周知徹底を目的とし、二次使用をまったく意図していないという相違があります。しかし、思想または感情を映像の連続で表現するという本質的な部分は一致しており、これを映画著作物のなかに組み入れることについてはまったく異論をみません。またかりに映画著作物を厳密に劇映画のみに限定してみたところで、著作権法にいう映画著作物には、「映画の効果に類似する視覚的又は視聴覚的効果を生じさせる方法で表現され、かつ、物に固定されている著作物を含むものとする。」（著作2条3項）とされていますので、結局は映

第 2 章　著作者・著作権者

画著作物のなかに含まれてしまうといっていいでしょう。

　ところで、テレビ CM の製作にあたっては、広告主、広告会社、CM 製作会社、その下請会社などが複雑にからみあっているところから、その著作権はだれに帰属するのか、著作者はだれなのかをめぐって、かつては業界内部で激しい対立があったそうです。その結果、平成 4（1992）年にテレビ CM に関する「92ACC 合意」（ACC とは全日本シーエム放送連盟のこと）が成立し、テレビ CM は広告主、広告会社、CM 製作会社の協力によって完成する「映画の著作物」であり、3 社の共有財産であるという基本的スタンスのもとに、著作者も著作権者も 3 社のなかにある、少なくとも 3 社以外ではないということで決着がついたとのことです。ところが最近、このような業界の慣行に水を差すような判決が出ました。それは平成 24 年 10 月 25 日の知財高裁の判決です（最高裁 HP）。ここで裁判所は、広告主が CM 製作会社に 3000 万円の制作費を支払っているほか、別途多額の出演料を支払っていること、この CM によって期待した効果が得られるか否かのリスクは専ら広告主が負担しており、広告主において著作物の円滑な利用を確保する必要性は高いと考えられることなどを考慮すれば、著作権法 29 条 1 項の適用が排除される合理的な理由はないとして、間接的な表現ながら広告主が著作権者である旨を判示しています。この事件は CM 制作会社とその下請会社との争いに関するもので、広告主が訴訟当事者となったわけではありませんが、裁判所の見解として今後重要視されることになりましょう。

コラム 3 歌会始と盗作

　歳のはじめの宮中行事のひとつに歌会始があります。これは前年に決められた御題にもとづいて一般民間人から広く応募された短歌を、宮内庁から委嘱された一流の選者によって厳選され、選び抜かれた10首の作品が、歌会始の当日、天皇、皇后両陛下の前で披露されるというものです。歌詠みにとって大変名誉なことで憧れの的となっているということです。

　ところで、いまから57年前の昭和37（1962）年に、歌会始の入選作が宮内庁から発表されましたが、そのなかに倉敷市のI氏作の「夜を学ぶ生徒らはみな鉄の匂ひ土の匂ひを持ちて集ひ来」がありました。これが新聞で報道されると、さっそく、長野県伊那市のT氏からクレームがついたのです。T氏の言によりますと、彼がその前年に某週刊誌の歌壇欄に投稿して掲載された作品「夜を学ぶ生徒等はみな鉄の匂い土の匂いを持ちて集い来」の盗作に違いないというものでした。2つの歌を比べてみますと、確かに違いは「ら」と「等」、「匂ひ」と「匂い」、「集ひ」と「集い」だけで、あとは同じです。T氏のクレームに対し、I氏は歌会始の入選作はあくまで自分の創作であり、T氏の歌と似ているのはまったくの偶然にすぎないと反論したのです。

　新聞社の調査によると、I氏はそのころ当の週刊誌を講読していたようであり、限りなくクロの印象を与えることになりました。結局この事件はI氏が盗作の事実を否定したものの入選を辞退し、これを受けて宮内庁が、「当人が入選を辞退したので、これ以上自作か盗作かを追及しない。伝統ある歌会始にこうした汚点をつけたことは天皇陛下にも国民にも申し訳ない。今後はこういう点を十分検

討していくが、こうした行事は国民の善意と良識の上に成り立つもので、こんなことがあったからといって最初から疑ってかかることはしない」という趣旨の長官談話を発表して、うやむやのうちにケリがつけられました。

　この事件の余波はまだ続きます。調査の結果、前年の入選作にも盗作とおぼしき作品が発見され、さらに盗作事件を契機に宮内庁では応募要項を厳しくし、盗作を予防するための諸制限を設けたにもかかわらず、翌年にはまた盗作と考えられる歌が現れるなど、歌会始は御難続きとなったのです。

第3章

著作物

　著作物とは著作権で保護されるモノですが、必ずしも形をもって現れている「物」とは限りません。というより、「物」とは区別して考えなければなりません。たとえば、カンバスに描かれた一流画家の絵画は、カンバスという素材（これは形を伴った「物」です）の値段よりもはるかに高価に取引されるはずです。それはいうまでもなくカンバスに描かれている作品に多くの値打ちがあるからです。ここに描かれているモノが著作物であり、著作権が保護するのはまさにこの部分なのです。

　具体的にどのようなモノが著作物として保護されるのか、みていきましょう。

第 3 章　著作物

1　著作物とは

Q23 著作権で保護される著作物というのはどのようなものをいうのでしょうか。不道徳な小説や絵画なども保護されるのでしょうか。アイデアはどうでしょうか。

著作権の保護の対象としての著作物　　著作物とは、思想または感情を創作的に表現したものであって、文芸、学術、美術または音楽の範囲に属するもの（著作2条1項1号）をいいます。これを分析すれば、次のようになります。

　(1)　**思想または感情の表現**　思想または感情を表現したものでなければなりません。たとえば、レストランのメニュー、駅の案内所に掲示されている列車時刻表や料金表などのように、単なる事実の羅列にすぎないものは著作物とはなりません。ただ、「思想」・「感情」の語は哲学的あるいは心理学的な概念としてのそれのように狭く厳格に解釈すべきではなく、「かんがえ」・「きもち」くらいの意味にとらえるべきです。したがって、高邁深遠な思想を表した論文や、屈折した心理を表現した絵画や詩歌だけでなく、通俗小説や漫画であっても、創作性があるかぎり著作物として保護を受けます。また道徳性の有無についてもまったく問題とはなりませんから、ポルノ小説のたぐいであっても創作性があれば著作物として保護の対象となります。倫理的な価値判断は著作権以外のところで議論すべき問題です。

　(2)　**創作性**　著作物として保護されるためには創作性がなければなりません。自分の頭で考え出し、作り出したことが必要

です。断っておきますが、新規性までは要求されません。したがって、すでに同じものが他人によって作られていたとしても、そのことを知らずに独自に作ったものであれば、そこに創作性ありとして保護を受けることになります。

（3） **表現方法**　著作物として著作権の保護を受けるためには、「かんがえ」・「きもち」が言葉・文字・音・色・線などの表現媒体を用いて外部に表現されていなければなりません。いかに素晴らしい「かんがえ」・「きもち」をもっていたとしても、それが自分の頭のなかにだけとどまっていて外部に表現されないかぎり、他人には窺い知れないので保護の対象とはなりません。外部に表現する手段として一般に、原稿用紙、画布、CD、DVDなど、有形物に固定する方法がとられますが、固定すること自体は著作物の要件とはなっていません（ただし、映画著作物の場合のみ例外で固定が要件となっています（☞Q33）。したがって、原稿なしで行う講演も著作物として保護されることになります。

（4） **アイデアそのものは保護されない**　創作性は表現の仕方に認められなければなりません。したがって、アイデアそのものは保護の対象にはならないのです。つまり、著作物として保護されるのは表現形式であり、アイデアなどの内容ではないということです。このことは判例も承認しており、「著作権法が保護しているのは、思想、感情を、言葉、文字、音、色等によって具体的に外部に表現した創作的な表現形式であって、その表現されている内容すなわちアイデアや理論等の思想及び感情自体は、たとえそれが独創性、新規性のあるものであっても、……原則として、いわゆる著作物とはなり得ず……」と述べております（大阪地判昭和54・9・25判タ397号152頁、東京高判昭和58・6・30無体例集

15巻2号586頁など)。したがって、次のようになると思われます。いま推理小説家のAがこれまで誰も考えつかなかった密室殺人のトリックを思いつき、そのトリックを根底にすえて一本の推理小説を書いたとしましょう。もちろんこの場合、この小説に著作権が発生し、その著作権はAに帰属することは間違いありません。ところが、この小説を読んだ推理小説家のBがこのトリックを無断借用し、まったく別の筋立ての推理小説を書いたとします。この場合、BはAの著作権を侵害したことになるでしょうか。答えはノーです。トリックはアイデアなので、それを使用されたとしても、Bの小説がまったく別の筋立てであるならば、新たな表現としてBに著作権が発生し、Aの著作権を侵害したことにはならないからです。この点注意が肝要です。とはいえ、実際にはアイデアと表現とが明確に区別されない場合も少なくなく、具体的事例ごとに判断していかなければならない難しい問題だといえます。

(5) **文芸、学術、美術、または音楽の範ちゅう** 文芸、学術、美術または音楽の範囲に属するものであることが必要です。ただこれはあまり意味のあるものではなく、知的、文化的所産全般を指すくらいに広くとらえてよいというのが一般的な見方です。

Q24 Aは知的障害者ですが、すばらしい絵を描きます。ところで彼の描いた絵を画商のBが不当に安く買い取って、高い値段で美術館に売却しているのを知りました。これを抑える方法がありますか。

1 著作物とは

知的障害者の著作物

　著作物として認められるには、思想または感情が創作的に表現していることが必要ですが、ここにいう「思想」・「感情」は先に述べたように（☞**Q23**）、単なる「かんがえ」・「きもち」ぐらいの軽い意味にとらえるだけでよく、また「創作性」も他人の模倣ではなく自分の頭で考え出したというところに、力点が置かれています。したがって、知的障害者や乳幼児の作品であっても自分なりに考えて作ったものであるならば、そこに著作物性が認められ、著作権によって保護されることになります。したがって、**Q24**の場合、Ａが作品を完成させた時点で、Ａにはその絵の所有権と著作権とがあることになります。ところで、Ａはその絵を画商のＢに売却したとのことですが、売却によってＢに移転するのは通常、所有権のみです。著作権はＡのもとにとどまっています。ただ、著作権がＡにあるといっても、絵の所有権を譲渡した以上、ＢやＢから転売で取得した者などが展示する場合に展示権（☞**Q64**）を根拠にそれを拒むことはできないことになっているのみならず（著作18条2項2号）、そもそも転売について異議を申し立てることすらもできないことになっています（著作26条の2第2項1号）。したがって、転売を抑える方法としては、Ｂへの売買契約が意思無能力で無効であったとして返還を求めるしかないといえましょう。ただそのためにはＡＢ間の売買契約当時Ａが意思無能力であったことを立証しなければなりません。後日これを立証するのは困難場合が多く、もしも立証に失敗すれば訴訟において負けて売買契約は有効なものとして扱われてしまいます。これを避けようとするのであれば、事前に成年後見制度を利用する方法をとるべきものと思われます。つまり、Ａが「精神上の障害により事理を弁識

する能力を欠く常況にある」場合には、本人、配偶者、四親等内の親族などの請求によって家庭裁判所で後見開始の審判をしてもらい、後見人を付してもらうことです（民7条）。そうしておけば、成年被後見人となったＡが後見人を無視して行った契約はすべて取り消しうるものとされ（民9条本文）、**Q24**のように第三者の手に渡った場合でも取り戻すことができるからです。

2　具体的にどのようなものが著作物となるのか

著作物の種類　　著作権法で保護される著作物は、上述の著作物の定義に該当するかぎり、そのほとんどすべてが対象となります（若干の例外がありますが、これは後に触れます）。

しかし、それではあまりにも広漠としていますので、著作権法はその主要なものを10条1項に例示として掲げました。すなわち、①小説、脚本、論文、講演その他の言語の著作物、②音楽の著作物、③舞踊または無言劇の著作物、④絵画、版画、彫刻その他の美術の著作物、⑤建築の著作物、⑥地図または学術的な性質を有する図面、図表、模型その他の図形の著作物、⑦映画の著作物、⑧写真の著作物、⑨プログラムの著作物、です。ここに掲げたものはあくまでも例示にすぎないのであって、これだけに限定されるものではないという点に注意すべきでしょう。

一例を挙げましょう。現在の著作権法はプログラム著作物を10条1項9号に例示として掲げていますが、著作権法が制定された当初にはこの号は存在していませんでした。それは制定当時、まだアナログの時代でコンピュータプログラムの登場などということは立

法者がまったく予期していなかったからです。しかしながら、昭和57（1982）年以降、コンピュータゲームのプログラムにつき、相次いでその著作物性を認める判例が登場し（東京地判昭和57・12・6無体例集14巻3号796頁、横浜地判昭和58・3・30判時1081号125頁、大阪地判昭和59・1・26無体例集16巻1号13頁）、これがきっかけとなって、昭和60（1985）年の法改正によりプログラム著作物が法文上に明記されるにいたったのです。この事例からも明らかなように、2条1項1号の著作物の定義に該当するかぎり、10条1項にとらわれることなく著作物として保護されると考えてよいでしょう。

Q25 手紙は著作物として認められるでしょうか。認められるとした場合にその著作権は差出人と名宛人のいずれに帰属するのでしょうか。

手紙の著作物性

手紙にもさまざまなものがあるので一概にはいえませんが、転居通知、商品の発注、代金の督促などのありふれた形式のものについては創作性がないので著作物として認められないものが多いと考えられます。しかし、そこに自分の「きもち」や「かんがえ」がこめられており、文芸、学術の範囲に属すると認められるものについては著作物性が肯定されます。判例には三島由紀夫の私信に著作物性を認めたものがありますが（東京地判平成11・10・8判時1697号114頁）、三島ほどの著名人のものである必要はなく、われわれ一般人のものでも保護の対象になりえます。

ただ手紙は差出人Aによって作成され名宛人Bに送付されるものですので、発信によって有体物としての手紙そのものの所有権は

AからBに移転しますが、所有権が移転したとしても著作権まで当然に移転するとみることはできません。特約のないかぎり著作権はAに留保されていると考えるべきでしょう。したがって、BはAの許諾なしにこれを複製して出版するなど著作物として利用をすることはできません。また手紙は公表されることを予定していないのがふつうですから、Bがこれを公表することは後に述べる公表権（☞ **Q41**）の侵害となることも注意すべき点です（☞ **Q63**）。だが、Bは手紙の所有者ですから、物として利用することは差し支えありません。Aのためにその手紙を保管しておく義務もないので破棄することも可能です（民206条）。

Q26 標語、キャッチフレーズのたぐいは一般に短いですが、著作物として認められますか。また本のタイトルなどはどうでしょうか。

標語、キャッチフレーズの著作物性

短いからといって著作物性が否定されるとは限りません。要はそこに作者の創作性が認められるか否かです。短歌・俳句などは文章としては短いものの、簡潔なわが国独特の文学であり、その表現に作者独自の思想・感情が盛り込まれていれば著作物として保護されることについてだれしも異存のないところかと思います。標語、キャッチフレーズについても同様に考えてよいでしょう。判例にも、「ボク安心　ママの膝より　チャイルドシート」という交通標語に著作物性を認めたものがあります（東京高判平成13・10・30判時1773号127頁）。ただ、表現に制約があって、他の表現がおよそ想定できない場合や、表現が平凡でありふれたも

のである場合は、創作性が認められないので著作物として保護されないのはもちろんです。

　もっとも、著作物性がある場合であっても、標語、キャッチフレーズとしての性質上、人口に膾炙してはじめて意味のあるものといえるところから、権利行使の幅が狭まることは否定できず、せいぜい他人が営利目的で利用する場合に権利侵害を主張するだけにとどまるものと思われます。

| 本のタイトルの著作物性 |

　太宰治の「斜陽」から斜陽族、三島由紀夫の「美徳のよろめき」からよろめき夫人、石原慎太郎の「太陽の季節」から太陽族、石川達三の「48歳の抵抗」から抵抗族、という流行語が生まれたように、ユニークなタイトルはそれ自体ひとつの存在意義をもっており、作者の精神的創作物といえます。しかし、タイトルは、一般に短いものが多く、また作品本体と結合することによって作品との同一性を表象する役割を担うものにすぎず、作品本体から切り離された別個独立の著作物と認めるわけにはいかないとして、タイトルについてその著作物性を否定するのが一般です。この結論には異論がありませんが、先に述べたようにわが国には17文字で構成される俳句という文学があり、これの著作物性を否定できないところから、単にタイトルの文字数が少ないというだけでは著作物性を否定する根拠とはなりえないと思います。たしかに「雪国」とか「東京物語」といった短い熟語に著作権を認めると、他人がこのコトバを使うことができなくなりますので、その不当なことはいうまでもないところですが、ある程度の長さをもち、そこに著作者の個性がうかがえるような場合には著作物性を認めてもよいのではないかと考えます。現にイタリアやフランスの著作権法は、

独創性を示す場合にタイトルに著作物性を肯定していますので、これが参考になるのではないでしょうか。

タイトルの変更

タイトルの著作物性が認められないとしても、これが他人によって勝手に替えられてしまうと、作品本体との関連がわからなくなるという危険性が生じてしまいます。そこで著作権法は、「著作者は、その著作物及びその題号の同一性を保持する権利を有し、その意に反してこれらの変更、切除その他の改変を受けないものとする。」（著作20条1項）と規定し、タイトルの変更を同一性保持権の侵害として扱っています。同一性保持権については後に触れます（☞ **Q46**）。

Q27 友人と2人でバンドを結成し、協力してオリジナル曲を作成しました。ところが、これを聞いた他の友人から某バンドの曲に似ているといわれました。聞いてみると確かに似ているようですが、これは**著作権侵害となるのでしょうか。**

音楽の著作物

著作権で保護される音楽の著作物は、ジャンルを問いません。交響曲、弦楽曲、ピアノ曲、ジャズ、ロック、ダンス曲、歌謡曲、シャンソン、フォークソングはもとよりのこと、演歌、童謡、唱歌、俗曲、民謡などもすべて含まれます。楽譜に表示されるのがふつうですが、楽譜を伴わない即興演奏によるものも音楽の著作物に含まれます。かつて大正時代の判例に浪曲のような即興的な楽曲は、確固たる旋律によったものではなく、瞬間音楽の域を出ないものであるから、著作権法にいう音楽的著作物には当た

2 具体的にどのようなものが著作物となるのか

らないとしたものがありましたが（大判大正3・7・4刑録20輯1360頁）、現在では録音による複製が可能となったこともあって、当然のように保護の対象に含まれております。

偶然の一致

それでは **Q27** のように表現が偶然似てしまった場合に、どのように考えたらよいでしょうか。ドラスティックな言い方をしますと、音楽はわずかな音階の順列と組み合わせによってできているものですから、他のジャンルの著作物以上に類似のものが出てくる可能性が高いといえましょう。ここで思い出していただきたいのは、わが国では著作権の成立に無方式主義をとっているということです。すなわち、著作物が著作権法上の保護を受けるためには創作という事実があれば足り、他になんの手続をも必要ないという建前を採用しております。その結果として、表現において同一または類似した作品が数個現れた場合でも、それらの作品がまったく独自に作成されたものであるときは、そのいずれもが著作物として保護されることになります。したがって、**Q27** の場合、あなたは先行している他のバンドの楽曲の存在をまったく知らずに作成したものであるときは、著作権侵害となることはありません。ただ争いになった場合は、あなたは先行の楽曲の存在を知らなかったこと、さらにはそれに依拠したものではないことの積極的な立証をしなければならないことになるでしょう。

Q28 町内会で子供向けのバザーを開催するにあたって、子供たちに人気の漫画からキャラクターを写し取ってこれをポスターに入れようと考えています。漫画作者の了解が必要ですか。

第 3 章　著作物

> **美術の著作物**

　著作権法で保護される著作物には、絵画、彫刻、版画が含まれるのは当然ですが、漫画や挿絵なども含まれることには争いがありません。作品の完成のいかんも問われていないので、下絵、下図、デッサンであっても保護の対象となりえます。また表現手段として使用する素材のいかんも問いませんから、素材が紙、絹布、木版、陶磁器、金属板などのほか、雪（雪像の場合）、氷（氷像の場合）であっても差し支えありません。ただ雪や氷を素材とする場合、作品が容易に溶けてしまうため著作物としての保護を問題にすることが少ないというだけです。なお、判例には人の体に彫った入れ墨に著作物性を認めたものもあります（知財高判平成24・1・31最高裁HP）。

> **キャラクターの著作物性**

　漫画が著作物として保護されるとして、漫画に登場するキャラクターについてはどうでしょうか。キャラクターとは、漫画や小説などに登場する架空の人物、動物などの姿態、名称、図柄、さらには役柄などを総称したものをいいます。「ゲゲゲの鬼太郎」、「サザエさん」、「仮面ライダー」などの言葉を聞くとわれわれの頭に思い浮かぶイメージ、それがキャラクターです。連載漫画にあっては、個々のコマに表現されている主人公の絵そのものよりも、漫画全体に一貫して流れ、すべての読者に共通して一定のイメージを与えるキャラクターがもっとも重要な部分を構成するので、これを抜きにしては漫画著作物というものが考えられないところから、これを著作権で保護しようという考え方が出始めています。かつての判例にもこのような考え方をうかがわせるようなものもありました（サザエさん事件における東京地判昭和51・5・26判時

815号27頁など)。しかし、キャラクター自体は、漫画や小説などを読む読者の頭のなかに描き出されるイメージそのものを指し具体的表現ではないところから、キャラクターそのものの著作物性は否定すべきであって、それは漫画などを通じて具体的な形をもって表現された場合に、漫画の一部を構成するものとして保護されるにすぎないと考えるのが妥当です。最近の判例も同様にとらえております（ポパイ事件における最判平成9・7・17民集51巻6号2714頁）。

Q28の場合、漫画の特定のコマに表現されているキャラクターをそのまま写し出しているようですので、無断で行いますと複製権の侵害に該当することになります（☞ **Q54**）。事前に作者の許諾を得ておくべきでしょう。

> **Q29** 印刷用の書体（タイプフェイス）を開発している会社ですが、このたび当社の開発した書体がそっくり無断で某社の発売しているパソコンにワープロソフトとして格納されているのを知りました。著作権侵害で訴えることができるでしょうか。

タイプフェイスの著作物性

人の描いた書は、それが前衛的なものであろうと古典的な流儀によるものであろうと、創作性があれば美術の著作物として保護されます。しかし、タイプフェイスが著作物として保護されるかについては別個に考えなければなりません。タイプフェイスとは、印刷技術によって文を構成する手段に用いられることを目的としてデザインされた一連の文字の書体をいい、具体的には飾り文字、花文字などの装飾書体、印刷用活字・写植用文字盤などに用いられるデザイン書体などをいいます。印刷用活字のタイプ

フェイスの一例は【図表3-1】のとおりです。判例は、印刷用書体に著作物性を認めると、印刷物の出版の際に書体の著作者の氏名の表示やその著作権者の許諾が必要となるうえ、既存の書体に依拠して類似の書体を制作したり改良したりすることができなくなるおそれがあるなどの理由で、一般に著作物性を否定しています。しかし著作物性をまったく否定しているわけではなく、「印刷用書体がここにいう著作物に該当するためには、それが従来の印刷用書体に比して顕著な特徴を有するといった独創性を備えることが必要であり、かつ、それ自体が美術鑑賞の対象となり得る美的特性を備えていなければならないと解するのが相当である。」と判示し、著作物性を取得する可能性を示唆しています（ゴナ書体事件における最判平成12・9・7民集54巻7号2481頁）。とはいえ、かなり特殊な飾り文字的なものであればともかく、Q29のような通常の印刷用書体ではこの要件をクリアすることはほとんど不可能のように思われます。現に目下のところわが国のタイプフェイスについて著作物性が肯定された判例は現れておりません。したがって、Q29の場合、著作権侵害で争うのは得策ではなく、他の方法、たとえば不正競争防止法による差止請求（不正競争3条）や損害賠償請求（不正競争4条）あるいは民法の不法行為による損害賠償請求（民709条）などの方法によることをお勧めします。

> **Q30** 服飾デザインを制作しているファッションデザイナーですが、私が苦心して作ったデザインとまったく同一のデザインのスーツが某デパートのショーウインドーに展示されていることを知りました。展示と販売の停止を要求したいと思いますが、可能でしょうか。

2 具体的にどのようなものが著作物となるのか

【図表3-1】 タイプフェイスの1例

A. 線幅を変化させたファミリー

> デジタル文字は美しく進化する
> デジタル文字は美しく進化する
> **デジタル文字は美しく進化する**
>
> デジタル文字は美しく進化する
> **デジタル文字は美しく進化する**
> **デジタル文字は美しく進化する**
>
> デジタル文字は美しく進化する
> デジタル文字は美しく進化する
> **デジタル文字は美しく進化する**

B. 装飾ファミリー

> デジタル文字は美しく進化する
> デジタル文字は美しく進化する

C. 字幅（天地）を変化させたファミリー

> デジタル文字は美しく進化する
> デジタル文字は美しく進化する

〔株式会社モリサワのファミリー〕

第3章　著作物

> 服飾デザインの盗用に
> 対する対抗手段

　服飾デザインは物品の形状、模様、色彩に独創性があれば意匠法によって保護されるので、**Q30**の場合も意匠法によって処理されるべきであり、著作権法による保護の必要をみないのではないかと考えがちです。しかし、意匠法の保護を受けるためには特許庁に意匠登録の申請をして登録を受けなければなりませんが、申請から登録までおよそ1年ほどの時間がかかります。その間にデザインが盗用されてしまうと、登録が完了して、さあこれから意匠権の侵害として差止めなどの法的手段に訴えようとした時点では、すでに流行遅れとなってほとんど効果がないというのが実情のようです。

　服飾デザインのように、はやり廃りの激しい領域においては、登録によって権利が発生するという法制は創作者の保護にならないので、著作権のように無方式で保護される著作権のほうが望ましいというのが業界の強い要望となっています（☞ **Q5**）。

> 意匠権と著作権の相違

　服飾デザインが著作権の保護になじむか否かを検討する前に、意匠権と著作権とではどのように違うかをみてみましょう。

①意匠権の対象となる意匠とは、物品の形状、模様、色彩またはこれらの結合であって、視覚を通じて美感を起こさせるものをいいます（意匠2条1項）。これに対し、著作権の保護を受ける著作物とは、思想または感情を創作的に表現したものであって、文芸、学術、美術または音楽の範囲に属するものをいいます（著作2条1項1号）。

②意匠権は、自己の創作した意匠を独占的に実施する権利であっ

て、他の者がこれと同一または類似の意匠を独自に創作した場合であってもその実施を禁止することができます。これに対し、著作権は、自己の創作した著作物を独占的に利用する権利にとどまり、他の者がそれと同一または類似の著作物を独自に創作した場合に、その者がその著作物を利用することを禁止することはできません。

③意匠法は、新規な意匠でなければ保護しませんが、著作権法は、創作性があれば新規性の有無を問わずすべてを保護することとしています。

④意匠権の発生には登録が必要ですが、著作権の発生には創作の事実があれば足り、手続は一切不要です。

⑤意匠権の保護期間は登録の日から20年ですが、著作権の場合は原則として創作時から著作者の死後50年までです。

以上の相違は、前者が、意匠を保護することにより意匠の創作を奨励し、これによって産業の発達に寄与させようとの国家の産業政策の一環として保護が図られたことによるのに対し、後者は、著作物の創作者に対して創作に対する褒美として一定期間保護することによって創作の意欲を高め、よってわが国の文化の発展に貢献させようとの文化政策の観点から保護が図られたという、保護目的の基本的な違いによるものです。

> 服飾デザインの著作物性

それでは、服飾デザインを著作権で保護することは可能なのでしょうか。ここで注目すべきなのは、著作権法では、美術の著作物には美術工芸品を含むものとするとの規定を置いていることです（著作2条2項）。美術工芸品とはなにかの意味のついてはなにも規定されていませんが、立法者の言によれば、一流

陶芸家の作った壺や花器のような一品製作の実用品を指すもののようです。一般に純粋美術の技法や感覚を実用品に応用したものを応用美術といい、美術工芸品もその一種に属しますが、応用美術はそれだけにとどまらず、**Q30** の服飾デザインのように純粋美術の技法や感覚が機械生産品または大量生産品に応用した場合や、図案その他量産品のひな型または実用品の模様として純粋美術が利用される場合なども含まれると考えられています。このような広範囲に及ぶ応用美術のなかから一品製作の美術工芸品のみがとくに取り出されて美術の著作物に含まれると規定されたということは、逆にいえば、服飾デザインはこれより除外されると考えるのが妥当なのかもしれません。しかし、法文上、美術工芸品がなにを指すのかを明示していないということは、とりもなおさず、これが必ずしも一品製作のものに限られないことを示すものであって、解釈によって範囲を広げる余地もあるといえるようにも思われます。判例のなかには量産品について美術の著作物として認めたものがありますが（博多人形赤とんぼ事件の長崎地佐世保支決昭和48・2・7無体例集5巻1号18頁）、これはこのことを示唆しているといえるのではないでしょうか。

意匠権と著作権の重複適用の可能性

応用美術（美術工芸品を除く）は意匠権で、その他の美術作品は著作権でという棲み分けが一般的な考え方であるにしても、服飾デザインのように、はやり廃りが激しく登録を待っておられないものについては、著作権によって保護を図り（これによって登録前の無断複製を排除できる）、さらに登録することによって意匠権でも保護を受ける（複製以外のデザインのすべての実施につき権利行使できる）という重複保護の途を拓くことも考えるべき

ではないでしょうか。最近このような考え方をとる学者が増えてきています。わが国の重要な輸出産業のひとつである服飾デザインを保護することは、知的財産立国を目指す政府の方針にも適うと思いますので、私もこの考え方に立ちたいと考えています。

Q31 A市役所は美術館を建設するにあたり、建築家のBに設計ならびに施工の際の監督を依頼しました。ところが設計図が作成された時点でAB間でトラブルが発生し、A市は設計図の費用を支払って契約を解除しました。しかし、この設計図はよくできているので、これを使ってC建築会社に建設を依頼しようと考えています。この場合、Bの了解が必要でしょうか。

建築設計図の二面性

　建築設計図は図面の著作物としてそれ自体、著作権の保護の対象となりえますが（著作10条1項6号）、これにもとづいて完成された建築物も建築著作物として保護の対象となることについても問題はありません（著作10条1項5号）。問題なのは両者の関係についてです。法に即して考えますと、建築著作物の複製には次の2つの場合があるようです。すなわち、①Xの作成した建築著作物を見てYが同一の建築物を建てた場合、②Xの作成した設計図を見てYが建築物を建てた場合、です。一般には、①のみが建築著作物の複製と解されると思いますが、法は②についても、設計図の複製ではなく、建築著作物の複製ととらえています（著作2条1項15号ロ）。本来、著作物の複製といえるためには、その前提として複製のもととなる著作物が現存していなければならないはずです。したがって、法が②を建築著作物の複製とするのであ

れば、設計図の段階で建築著作物がすでに成立していると考えなければなりません。ということは、建築設計図が完成すると、その図面から彷彿としてわれわれの脳裏に浮かび上がるイメージそのものが、建築著作物の本体ということにならざるをえないようです。設計図をもとにして建築物を建てることは設計図の使用としてとらえるほうがむしろふさわしいと思いますが、著作権法においては著作物の「使用」という概念を認めていない（この点が「使用」という概念を認める特許法との違いです）ので、やむなく図面を見て脳裏に浮かぶイメージを建築著作物ととらえ、これの複製という考え方をとったものと思われます。それはともかく、設計図それ自体は図面の著作物として保護される（図面のコピーは図面著作物の複製となります）のであるから、建築物の場合は設計図が完成すると、建築著作物と図面著作物とが並存し、著作権もまた並存するとみなければならないでしょう。

　以上を前提として **Q31** の場合をみてみましょう。Ａ市役所はＢに対し設計図の費用を支払って契約を解除したとありますが、その具体的な交渉の中身が不明ですので、ここでは３つの場合に分けて考えてみましょう。１つは、支払った金銭は紙としての設計図の対価にすぎない場合、２つは、設計図の著作権をＡに移転する対価を含んでいる場合、３つは、建築著作物についての著作権の譲渡までその対価に含まれている場合、です。１つ目の場合は、紙としての設計図の所有権だけがＡに帰属しているだけで、図面としての著作権さらには建築著作物としての著作権はいずれもＢに帰属していますので、ＡとしてはＢに無断でＣに建設を依頼することはできません。２つ目の場合は、設計図の著作権はＡに移転しているとしても建築著作物としての著作権はＡに移転していませんの

で、Aがこの設計図をコピーするなどの行為をすることはできますが、Cに設計図どおりに建設を依頼することはできません。3つ目の場合にのみ、Bに無断で依頼することができます。したがって、このうちのどれに該当するか慎重に判断して決めるべきではないでしょうか。

ところで、**Q31**は建築設計図のケースですが、建築物でない設計図の場合、たとえば機械の設計図の場合であったらどうでしょうか。その設計図に著作物性が認められるケースであるにしても、設計図を見て機械を製作する行為は、少なくとも複製権の侵害として扱われることはありません（丸棒矯正機設計図事件における大阪地判平成4・4・30知的裁集24巻1号292頁）。

Q32 レストランを開店するにあたり、案内のパンフレットに市販の地図からコピーして住所を表示しようと考えています。無断で差し支えないでしょうか。

地図の著作物性

　　地図というのは、地形のような物理的現象や建造物などの人工的現象を定められた記号によって客観的に表現するもので、作者の好みによって勝手にアレンジすることの許されないものですから、そもそもこれが著作物といえるかが問題となります。

しかし、地球上のすべての現象を細大漏らさず表現しようとするならば、たとえば東京都の地図を作成しようと思えば東京都と同じ大きさの紙が必要ということになり、これは実際に不可能です。所定の大きさの紙に表現するためには、地図の用途に従い、紙の大き

さを勘案しながら、盛り込むべき項目を取捨選択しなければなりません。その際には、地図を作成する人の個性、学識、経験などが重要な役割を果たすことになるわけで、同一地方の地図であっても違った人によって作られたならば、同一の内容のものとなることはないといってよいでしょう。とくに学識、経験の豊かな地図作成者の作成した地図は、それの乏しい地図作成者の地図に比べ、格段にその内容が優れているということは周知の事実です。したがって、地図は十分に著作物性を有し、保護に値するということになります。このことは判例も認めており、「地図の場合は、その独創性の有無を判断する基準は、その素材の個々（たとえば海流とか鉄道線路の如き）について従来と異なった新しい表現がなされているか否かを考察する以上に、そこに表現されている各種素材の取捨、選択の内容と、その注記の表現方法を総合的に観察して、独自の創作性が認められるか否かに重点を置いて求めるべきものと解する。」（東京地判昭和44・5・31判時580号92頁）と述べているところからも明らかです。このようにみてくると、市販されている大部分の地図に著作物性が認められると思いますので、これを著作権者に無断でコピーをすると複製権の侵害となります。もちろん自分が使用するためにコピーする場合は、私的使用のための複製は自由であるとの規定（著作30条1項）により、無断で行っても差し支えありませんが（☞ **Q76**）、**Q32**の場合は、レストランの宣伝のために使用するようです。これでは私的使用のための複製とは認められませんので注意が肝要です。

Q33 劇映画やテレビの放送劇などが映画著作物ということは分かりますが、ニュース映像や野球の中継放送などのように作り物で

はないものも映画著作物として保護されるでしょうか。

> 映画の著作物性

　ニュース映像や野球の中継放送に疑問をもたれるのは、これらは実際に起きている現象をただ忠実に写し撮って放送しているにすぎず、そこには創作性がないと考えたからではないでしょうか。旧著作権法もそのように考えていたようです。それは、映画の著作物を独創性の有無によって区別し、独創性のある映画（たとえば劇映画）については一般の著作物の保護期間内（死後30年）保護し（旧著作22条の3、3条）、独創性のない映画（たとえばニュース映画）については写真の保護期間（10年）と同一期間内だけ保護するものとしていたこと（旧著作22条の3、23条）から窺えます。しかし、映画は独創性を有するからこそ著作物となりうるのであって、これを独創性の有無にかかわらず一応著作物として保護しながら、保護のうえで差等を設けるのは、論理的に矛盾し妥当なものではなかったのです。そこで現行法はこの区別を取りやめ、創作性の有するもののみが著作物として保護されることに改めました。

　では、ニュース映像や野球の中継放送は創作性がないものでしょうか。いいえ、とんでもありません。テレビ局がニュース番組を制作する際には、いろいろな角度から撮影した映像を取捨選択し、これに解説を加えて組み立てていますのでそこに創作性を認めることができます。また、野球中継の場合も球場の各所に配置しているカメラから送られてくる映像をディレクターが永年の勘と経験を駆使して瞬時に最適の影像を選択し、さらにデスクの解説を加えて編集して放送しているのですから、やはり創作性を認めることができま

す。したがって、劇映画だけでなく、このようなものについても著作物性を肯定し保護すべきものと思われます。

ただ、わが国の著作権法は、映画の著作物として保護されるためには、他の著作物とは異なり、物に固定していることが必要になっています（著作2条3項）。したがって、録音・録画を伴わないで放送される生放送番組は映画の著作物からは除外されます。もっとも、映画の著作物から除外されるからといって著作物性が否定されるわけではなく、著作物の定義に該当するかぎり映画の著作物以外の著作物として保護されることになります。映画の著作物とそれ以外の著作物との違いは、前者には頒布権が認められ（著作26条）、譲渡権（著作26条の2）と貸与権（著作26条の3）が認められないのに対し、後者ではそれが逆で、譲渡権と貸与権が認められるのに頒布権が認められないという点にあります。もっとも、放送事業者などが生放送する際には、放送と同時にビデオ録画しているのがふつうであり、判例はこの場合でも映画の著作物の固定性の要件を充たしていると解しています（全米女子オープン戦事件における東京高判平成9・9・25行集48巻9号661頁）ので、ニュース映像や野球の実況放送はそのほとんどが映画の著作物として保護されているのが実情といえましょう。

また、たとえば、国会中継のようにカメラを固定してそのまま生放送する場合など、ビデオ録画のような固定性の要件を充たしておらず、他の著作物としての保護要件をも充たしていない場合であっても、放送事業者は著作権法上まったく保護されないのではなく、その放送に関して著作隣接権者として保護を受けることができます。この点については後に触れます（☞ **Q120**）。

2 具体的にどのようなものが著作物となるのか

Q34 映画スターのブロマイド写真も著作物といえるのでしょうか。

写真の著作物性

　写真は機械に依存するところが大きい点で他の著作物とは異なりますが、被写体の選定、組み合わせ、配置や光量の調節、カメラアングルのとり方、さらには撮影、現像、焼付けの処理などにおいて独創的な工夫をするものであるところから、一般にその著作物性が肯定されています（著作10条1項8号）。ただ、パスポートや身分証明書に添付する自動証明写真や、芸術作品を忠実に再現しただけの複製写真のように、あるがままに写し取ってそこに創作性の感知できないものについては著作権で保護されることはないでしょう。

真田広之ブロマイド事件

　著名な俳優である真田広之のブロマイドを購入した者が、真田の顔の部分をハサミで切り抜き、これをキーホルダーのプラスチック製ケース部分に入れて発売したことが著作権侵害に当たるか否かが問題となった事件がかつて存在しました。この事件において、私はこのブロマイド写真が著作物に当たるかどうかの鑑定を依頼され、はからずもこの事件に関与することになったのです。鑑定を引き受けた当初、私の直感としては肖像写真は静止した被写体を一般に固定したカメラで撮影するものであるため、パスポート用写真と同様、100％機械に依存し撮影者の個性の入り込む余地はないものであって著作物性を認めることはできないのではないかと考えていました。ところが、ブロマイド作成の手順を知るに及んで、私が考えていたような単純なものではないことを思い知らされることになったのです。

第3章　著作物

　真田を撮影したカメラマンはブロマイドの製作と販売を業としている会社に入社以来十数年間一貫してブロマイドを担当しているベテランです。彼は、撮影にあたり簡単なストーリーをスタッフとともに作成し、その動きのあるストーリーの流れの一場面を切り取ってフィルムに固定するという製作態度を維持していました。そしてファンの需要に応えるため、ファンのもっとも好みそうな構図を考え、それに従って被写体である真田にポーズをとらせ、バックの色彩とか光のあて具合を考慮しながらシャッターチャンスをうかがい、表情のいい時をねらってシャッターを押すという一連の操作を行っていることを知ったのです。このような一連の操作のなかにはカメラマンの個性が十分にうかがうことができるところから、私はこのブロマイド写真には著作物性が認められるとの鑑定を下しました。

　この事件は東京地裁の判断に委ねられましたが、判決では、「本件写真のような肖像写真は、静止した被写体をカメラで撮影し、その機械的、化学的作用を通じて被写体の表情等を再現するものであるが、かかる肖像写真であっても、被写体のもつ資質や魅力を最大限に引き出すため、被写体にポーズをとらせ、背景、照明による光の陰影あるいはカメラアングル等に工夫をこらすなどして、単なるカメラの機械的作用に依存することなく、撮影者の個性、創造性が現れている場合には、写真著作物として、著作権法の保護の対象になると解するのが相当である。」と一般論を述べたあと、私の鑑定意見に沿った形で本件ブロマイド写真につき著作物性を肯定する結論を下しています（東京地判昭和62・7・10判時1248号120頁）。きわめて妥当な結論だと思います。

Q35 小説や絵画が著作権法で保護されるのは分かるのですが、コン

ピュータ・プログラムはこれらとはまったく異質のように思われるのに、著作権法で保護されるのはなぜでしょうか。

プログラムの保護をめぐる争い

プログラムはかつてコンピュータの一部を形成するものとしてひとまとめにされて取引の対象とされていましたが、IBMがこれを分離して取引の対象とするようになるに及んで、この知的創作物をどのような形で保護するかが問題となったのです。この問題にいちはやく決着をつけたのは米国です。米国は1980年に著作権法の一部を改正し、コンピュータ・プログラムを著作権法で保護することを明らかにしました。この波紋は先進諸国家にも直ちに及び、欧米各国で検討がはじまるようになり、わが国においてもこれをどこでどのように保護するかの論争が生ずるにいたったのです。これには次の2つの見解の対立がありました。

1つは、プログラムを著作権法ではなく、新たな産業政策的立法によって保護すべきだとする考え方です（かりにA説としましょう）。この立場は次のように主張します。すなわち、①プログラムを保護することの目的は、その開発に投下した資本の回収を容易にし、流通を促進して重複投資を防ぐという点にあるのに対し、著作権法は、著作者の気持ち、感情、良心等の保護という観点が基礎に横たわっており、そこには著作物の流通の促進をし重複投資を防止するという産業政策的契機はほとんど含まれていないといってよいこと、②著作権法のなかでは人格権が重要な位置を占めるが、プログラムに人格権を認めることは、プログラムの実態から外れ、プログラム制作者の意識からもかけ離れたものであるのみならず、プログラムに人格権を認めることにより機械文明社会に大混乱を引き起こす可能

第3章 著作物

性すらあること、③著作権の保護期間は著作者の死後50年であるが（☞ **Q70**）、技術の進歩が早いためプログラムの陳腐化もきわめて早く著作権法による保護期間は長きに失すること、④著作権法は著作者に翻案権を認めているが（☞ **Q69**）、プログラムの開発においては、まったく新規に開発することはむしろ稀であり、既存のプログラムの手法を基礎にして新たなプログラムを開発するのが通常であるから、もしもプログラムに著作権法の網をかぶせるならば、多くのプログラム制作者は自己の行為が他人の翻案権に抵触するか否か、という不安を常に感じることとなること、などを指摘しています。

これに対しもう1つの考え方は、プログラムを著作権法の枠内で保護すべきだとする考え方です（かりにこれをB説としましょう）。この説では、①著作権法は人の気持ちや感情のみならず学術的思想の表現をも著作物として認めており、プログラムのような高度の学術的知識にもとづき開発された言語成果物は学術的思想を表現したりっぱな著作物であること、②差し替え式の出版物はプログラムと同様、成立後もしばしば改変されるが、だれもその著作物性を疑わないこと、③プログラムでも長期間使用され、今後も使用が見込まれるものがある一方、一般著作物のなかにも時事評論や変動的な学問領域における学術書など寿命の短い著作物は数多くあるが、これらも死後50年の保護を受けているので、プログラムに長い保護期間を与えてもなんら差し支えないこと、④プログラムを著作権で保護すると、著作権に関する国際条約により国際的ネットワークで保護されること、などを根拠の理由として掲げています。

| 著作権による保護に収斂 |

先に述べたように、米国がプログラムを著

作権法で保護することを明らかにし、欧米各国もこれに追随する気配を示すようになると、B説のいうように、わが国も著作権法で保護することのほうが、すでにある著作権条約のネットで国際的に保護されるという利点があるといえます。たしかにプログラムは従来の著作物とは性格を異にしており、そのために独自の産業政策的立法によってその保護を図るべきだとのA説の主張は理屈として十分に理解できるものの、はたしてわが国が、世界の大勢に反して独自の道を歩くことが現実問題として可能かというと、かなり無理といわざるをえない状況にありました。

そうこうするうちに、わが国の判例は、東京地裁がテレビ型ゲームマシン「スペース・インベーダー・パートⅡ」のROMに収納されているオブジェクト・プログラムが無断複製された事件において、当時の著作権法10条1項の著作物の例示にプログラム著作物が含まれていないにもかかわらず、「本件プログラムは、その作成者の独自の学術的思想の創作的表現であり、著作権法上保護される著作物に当たると認められる」と判示し（東京地判昭和57・12・6無体例集14巻3号796頁）、プログラムが著作権で保護されることを明らかにしました。その後も判例上この傾向が維持されるようになると、ますますB説のほうに分があるようになりました。

このような状況下において通産省（現在の経済産業省）と文部省（現在の文部科学省）は、それぞれプログラムを自分のテリトリーに含める形での立法を企画し、法案を別々に作成して政府に提出しました。弱ったのは政府です。あちらを立てればこちらが立たぬといった状態になったからです。

ところが、ここに政府にとっては救いとなる新たな事態が生じるにいたりました。それは、半導体産業の発達に伴い、半導体集積回

路の模倣が生ずるようになり、これを防ぐ手段として半導体集積回路配置（マスクワーク）に排他的権利を与える立法が米国において成立し、これと同様の保護がわが国にも求められたのを契機として、通産省が半導体集積回路の回路配置に関する法律（半導体チップ保護法）案を作成して政府に提出したのです。そこで政府は、プログラムについては文部省の管轄にある著作権法で保護し、集積回路については通産省の管轄下の半導体チップ法で保護するという、両者棲み分けの方法により、両者の面子を保った解決をとったのです。

以上のような経緯でプログラムは著作権法で保護されることになりましたが、その後の国際的な動きをみてみますと、1994年のTRIPS協定でコンピュータ・プログラムを著作物として保護することが明らかにされ、2002年に発効したWIPO著作権条約においても著作権で保護することが規定されるようになったことから、わが国において著作権で保護することにしたことは結果的によかったということになりましょうか。

3　著作物を素材として作られる別の著作物

Q36 米国の小説家Aの原作を日本人のBによって日本語に翻訳された作品がC出版社から発売されています。わたしども映画会社はこれを映画化したいと考えています。だれに対してどのような手続をとればよいのでしょうか。

　　二次的著作物とは

英語で書かれている小説を日本語に翻訳するという場合に、市販されている翻訳ソフトを用いて翻訳するとい

3 著作物を素材として作られる別の著作物

う方法がありますが、残念ながら現在の技術では原文のもつ微妙な雰囲気を生かすことができず、おそらくはギクシャクした到底小説としては読むに耐えないものになってしまうはずです。この点、手作業で翻訳すると、翻訳者の能力にも関係しますが、少なくとも原作者の意図を十分に汲み取って、あるときは思い切った意訳を試みながらも、日本語として読みやすく、かつ原作の雰囲気を壊さないように腐心したものができるものと考えられます。翻訳物が著作物として保護されるゆえんはそこにあります。このような翻訳物は原作の存在を前提とし、それに手を加えて新たな著作物を作り出すものであるところから、原著作物（一次的著作物）に対し二次的著作物といわれております。したがって、**Q36** の場合、Ａの作成した著作物が原著作物、Ｂの作成した翻訳物が二次的著作物ということになります。

　二次的著作物のもっとも典型的なのは翻訳著作物ですが、そのほかにも、和楽器用に作曲された音楽を洋楽器用に編曲したり、クラシック曲をジャズ風にアレンジしたりする編曲著作物もこれに含まれますし、源氏物語を現代劇化したり、日本の時代劇を西部劇にアレンジしたりする、いわゆる翻案著作物（☞ **Q69**）もこれに含まれると考えられます。また、脚色や映画化はもとより、大人向けの小説を児童向けの読み物にリライトする行為、長い文章を短くダイジェストする行為、さらには絵画を彫刻に仕立て直す行為なども、そこに創作性が認められれば二次的著作物として扱われるとみて差し支えないでしょう。

二次的著作物の利用

　Q36 において、あなたはＢの作成した翻訳著作物を映画化しようと考えているわけですから、Ｂから映画化

の許諾を受けなければならない（著作27条）のは当然ですが、Bの翻訳著作物のなかにはAの作成した原作が含まれており、これの利用もまた行われることになるはずですので、Aの許諾もまた必要になります。著作権法28条は、「二次的著作物の原著作物の著作者は、当該二次的著作物の利用に関し、この款に規定する権利で当該二次的著作物の著作者が有するものと同一の種類の権利を専有する。」と規定し、二次的著作物の利用に関し原著作物の著作者が許諾権を有することを明らかにしています。

なお、Q36 の場合に、BがC出版社に著作権を譲渡しているときは、Bの許諾ではなくC出版社から映画化の許諾を受けなければなりません（Aの許諾が必要なことは変わりません）。

ただ、BからCへの著作権の譲渡の際に、「著作権法27条および28条の権利を含む」と明記しないかぎり、この権利はBに留保されたものとして扱われますので（著作61条2項）、この場合にはBの許諾が必要となります。この点注意が肝要です。

Q37 テレビを観ていると、新聞の一面をそのまま映し出してニュースキャスターが解説している場面に遭遇しますが、著作権の処理は必要ないのでしょうか。

編集著作物の二類型

新聞・雑誌などの編集物においては、編集者が素材となる記事のうちどれを選んで載せるか、載せるとしてどのような配置にするかを読者のニーズや話題性を考慮しながら苦労して決めているはずです。著作権法はそこに創作性を認めて全体を一個の著作物、つまり編集著作物とし、素材とは別に保護していま

3 著作物を素材として作られる別の著作物

す（著作12条1項）。新聞・雑誌の場合には素材となる記事、小説、漫画、写真などはそれぞれ単体として著作物であるので、編集著作物は一種の二次的著作物ということもできます。しかし、二次的著作物と決め付けるわけにはいきません。編集著作物の素材となるのは著作物ばかりとは限らないからです。たとえば、職業別電話帳は、素材は企業や商店の名前、電話番号など単なる事実で占められていて著作物とは無縁ですが、たくさんの職業をどのように分類して配置すれば利用者にとって便利かという観点から編集されており、そこに編集著作物としての創作性が認められています（東京地判平成12・3・17判時1714号128頁）。このように、素材が著作物である場合とそうでない場合とがありますが、いずれの場合であれ素材の取捨・選択または配列に創作性のあるときに編集著作物性が認められることになります。

　素材が著作物である場合において、その編集物が著作物として著作権の成立が認められるとしても、それによって編集物の部分を構成する素材の著作者の権利に影響を及ぼすものではありません（著作12条2項）。したがって、編集著作物全体を利用しようとする場合は、編集著作物の著作者の許諾を得なければならないのは当然ですが、その編集著作物に含まれている素材の著作者からも許諾を得なければならないことになります。もちろん、その素材のみを利用しようという場合には、当該素材の著作者の許諾を得れば足り、編集著作物の著作者の許諾を得る必要はありません。

Q37 の場合　　編集著作物としての新聞の著作権は通常、新聞社に帰属していますので、新聞の一面をそのままテレビで映し出す行為は、新聞社のもっている放送権あるいは有線放送権（☞

に触れることとなります。したがって、テレビ局は事前に新聞社から放送あるいは有線放送の許諾を受けている必要があります。新聞をテレビで映し出す際にはその新聞の素材となっている個々の記事、写真、漫画、小説、外部の寄稿者が書いた論説なども映し出されています。厳密にいいますと、これらの著作者の許諾をも受けなければならないことになりますが、テレビ画面を通じては小さすぎて見えにくいという場合には、あえて許諾を得る必要はないと考えます。

Q38 データベースは著作権法で保護されるのでしょうか。

データベースとは

　データベースとは、論文、数値、図形その他の情報の集合物であって、それらの情報をコンピュータを用いて検索できるように体系的に構成したものをいいます（著作2条1項10号の3）。

　データベースは、おおむね次のような手順で作成されます。①まず、一定の収集方針に従ってデータベースとして蓄積される情報を収集する、②収集された情報のなかから一定の選定基準によってさらにデータベースとして実際に蓄積される情報の選定がなされる、③収集・選定された情報を整理統合するために、情報の項目、構造、形式などを決定してフォーマットを作成し、また分類の体系を決定するためのデータベースの体系の設定が行われる、④設定された体系に従って情報を整理・統合するために不十分な情報の補正、信頼性の確認、単位の統一などが行われる、⑤文献データベースの場合には、文献の抄録が蓄積され、さらにキーワードが付せられる、⑥

コンピュータで検索できるようにするために、情報のそれぞれの項目に、それがどのような意味をもつかを示すコーディングという作業が行われる、⑦収集・選定された情報は分析・加工を経て磁気テープや磁気ディスクなどの順次編成ファイルの形で蓄積されるが、効率よく検索されるようにするためにはランダム・アクセスファイルが必要であり、これが作成される、という手順がとられるようです。

> データベースの著作物性

　　　　　　　　　　　　　上述のデータベースの定義に該当すればそのすべてが著作物として保護されるというわけではありません。データベースのうち、情報の選択または体系的な構成によって創作性があるものだけが著作物として保護されることになります（著作12条の2第1項）。したがって、たとえば50音順に並べた電話帳などのように、集められた情報が膨大なものであっても、編成の仕方に創作性がなければデータベース著作物として保護されることはありません。また、データベースは多数の情報を収集し、これを分類・整理して蓄積するものであるため、編集著作物とみればよいという見方も成り立つかもしれません。しかし、データベースの創作性は、単に素材の選択と配列にあるだけでなく、コンピュータによって容易に検索でき、蓄積された情報を効率よく利用できるようにするために、作成の際にデータの体系づけ、情報の抄録化、さらにはキーワードの付加といった、編集著作物とは異なる創作性が加わっているので、これを編集著作物とみるのは妥当ではない、との見解にもとづいて法は編集著作物とは別に規定を設けて保護することとしています。

　ただ、データベース著作物が保護されるとしても、どの程度の加

害行為があれば著作権侵害となるかは難しい問題です。データベースをまるごとコピーしたという場合は著作権侵害となることは間違いありませんが、一部だけを無断で利用したというときはケースごとに個別に判断していかなければならないでしょう。また、データベース著作物の場合においても、編集著作物と同様、そこに蓄積されている情報が文献のような著作物であるときはその著作権の処理もまた必要であることも注意すべき点といえます（著作12条の2第2項）。

4　著作権で保護されない著作物

> **Q39** 個人でホームページを立ち上げ、いろいろな情報を集めて発信しようと考えています。ただ著作権の処理が面倒なので、抵触しない範囲内で情報を集めたいのですが、どのようなものであれば大丈夫でしょうか。

　　　　　　　

> 著作物でないもの

　　　　　　　いうまでもないところですが、著作物でないものについては自由に利用することができます。たとえば、電車やバスの発着時刻表、株価、気温などのように事実の表示にすぎないもの、自然の風物や動物の声、さらには遺伝子の配列などのように創作性の関与していないものなどがこれに当たります。

> 著作権法で保護されない著作物

　　　　　　　これにひきかえ、他人の著作物である場合には、著作者に無断でホームページにアップロードしますと、原則として複製権や公衆送信権（送信可能化権を含む）（☞ **Q57**）の侵害

となります。いまここで「原則として」といったのは、著作物でありながら無断で利用しても著作権侵害とはならないものがあるからです。

それは次の場合です。

(1) **国の制定する法律、行政機関の制定する命令、地方公共団体が制定する条例などの法規**　いずれも一定の政策を達成する目的で作られたもので、その表現には一語もゆるがせにしない厳密さが要求され、工夫が凝らされていますので、本来、著作物としての性質を十分に備えているものとみることができます。しかし、これらの法律等を守ってもらうためには国民にその内容を知ってもらう必要があります。つまり、法律等は公衆に対して周知徹底を図ることを目的として作られたものですので、だれもが自由に利用できる状態にしておく必要があります。そこで著作権法は、明文の規定で著作権の保護の対象とはならない旨を定めております。具体的には、①憲法その他の法令、②国もしくは地方公共団体の機関、独立行政法人または地方独立行政法人が発する告示、訓令、通達その他これに類するもの、③裁判所の判決、決定、命令および審判ならびに行政庁の裁決および決定で裁判に準ずる手続により行われるもの、④①〜③に掲げるものの翻訳物および編集物で、国もしくは地方公共団体の機関、独立行政法人または地方独立行政法人が作成するもの、が挙げられております。したがって、われわれが官報などから法令を集めて独自に六法全書を作成することは自由にできます。ただし、その際に注意しなければならないのは、その法令の並べ方です。市販の六法全書はそれぞれ収録すべき法令の種類や範囲、さらにはその配置について工夫を凝らして作られているので、それは編集著作物として保護の

対象になっています。そのため、われわれが作る場合にはこれら既存の六法全書と同じような構成にならないよう配慮する必要があります。また既存の六法全書には参照条文や判例などを個々の条文に付して読者の便宜を図っています。この部分についてもそっくりそのまま拝借してしまいますと、著作権侵害のそしりを免れないおそれがありますので要注意といえましょう。

(2) **雑報および時事の報道**　　新聞・雑誌に掲載されるニュース報道のうち、事実の伝達にすぎない人事往来、死亡記事、火事、交通事故など日々生起する雑報とか時事の報道は著作物としての保護は受けられません（著作10条2項）。いつ、だれが、どこで、なにを、どうした、という4W1Hは、誰が書いてもほぼ同様になり、そこに創作性が認められないので著作物として保護されないのは当然といえます。この規定は、いわば当然のことを注意的に掲げたものとみて差し支えないでしょう。したがって、時事の報道であっても、そこに記者の個性がうかがえるものであれば著作物として保護されますので、許諾を受ける必要があります。記事の大部分は記者の個性が表れていますので、報道記事のなかで著作物性のないものはきわめて数少ないと考えていいものと思われます。

(3) **保護期間の経過した著作物**　　著作権には保護期間が限定されています（著作51〜54条）から、この期間を経過した著作物であれば、だれでも自由に利用することができます。保護期間については後に触れます（☞**Q70**）。

(4) **著作権の相続人の不在の著作物**　　著作権者が死亡し相続人が不在である場合に、民法の規定（民959条）によれば国庫に帰属することになりますが、著作権は消滅します（著作62条1項

1号)。国庫に帰属させ、著作権の存続を図るより、だれでも自由に利用させるほうが妥当であるとの考えにもとづいたものです。

(5) **著作権者である法人が解散した場合の著作物**　職務著作の場合（☞**Q17**）とか法人が著作権を譲り受けた場合とかのように、法人が著作権者である場合において、その法人が解散したときは、一般社団法人及び一般財団法人法の規定（同法239条3項）により残余財産は国庫に帰属されることになっておりますが、(4)と同様の理由により、著作権は消滅し、自由に利用することができます（著作62条2項）。

(6) **著作権を放棄した著作物**　著作権も財産権ですから、他の財産権と同様、放棄することができます。放棄すれば著作権は消滅します。ただ、放棄には明示の意思表示が必要で、書き損じや不出来な原稿・下絵のたぐいを屑籠に捨てたとしても、これだけでは著作権を放棄したことにはなりません。また、著作物を放棄しないまでも、「どうぞご自由にお使いください。」と著作者が述べている場合も自由に使ってかまいません。

第4章

著作者人格権

「芸術作品は作者の人格の投影である」とよくいわれますが、たしかに創作の際には全身全霊を込めて作業に取り組んでいることでしょうから、出来上がった作品に対し、愛着を抱いていることでしょう。その作品が勝手に加筆されたり、本人の意に反して公表されたりされると、作者は大いに傷つくことになるでしょう。これを防ぐ手段として認められているのが、著作者人格権です。

さあ、この権利はどのような働きをするのでしょうか。

第4章　著作者人格権

1　著作者人格権とは

Q40 著作者を保護する権利として、著作権のほかに著作者人格権があると聞いていますが、これはどのような権利なのでしょうか。

> 著作者人格権の意義

　著作者が作る作品、つまり著作物は、それを他人に利用させることによって収益を得るという意味で財産としての性格をもっていますが、他方においては、著作者の人格の投影としての一面をももっているということができます。それは、作品を作る際に、著作者は全神経を集中し、もてる能力をすべて傾注して取り組むはずですから、完成した作品については、その出来・不出来は別として、あたかも自分の分身をそこに見出すような愛着心を抱いているに違いないと思われるからです。このような観点から、わが著作権法は、公表権、氏名表示権、同一性保持権の3つの権利を著作者人格権として定めています。

　著作者人格権という名称から明らかなように、これらの権利は人格権と同次元の権利としてとらえられております。人格権とは身体、自由、名誉、貞操などの人格的利益にもとづいて生じる権利の総称で、これらの人格的利益が他人によって侵された場合に加害者に対して損害賠償その他の回復請求をなしうることをその内容としています。マスコミでよく話題となるプライバシーの権利もこれに含まれます。これらの権利は19世紀のヨーロッパにおいて精神の自由がとくに強調された時期に法の世界に現れ、以来各国において広く承認され現在にいたっております。このような人格権の出現は、従来、著作者と著作物との関係を財産的側面だけからとらえてきた伝

1 著作者人格権とは

統的な考え方に反省を迫ることになり、前述のように、著作者が全人格を注ぎ込み苦心の末に作り出される著作物はいわば著作者の分身であり、著作者と著作物の関係は、人と身体、自由、名誉などの人格的利益とまったく同様であるとの発想から、著作者人格権が生まれるにいたったのです。

著作者人格権の性質

以上の経過からもうかがえるように、著作者人格権は著作者本人と不可分の関係にありますから、これを処分することはできません。それは人が自分の生命権や自由権を処分することができないのとまったく同じです。このような性質を一般に一身専属性と呼んでいますが、著作者人格権にはこの性質があり、そのことは法文上も明記されています（著作59条）。一身専属性がある以上、著作者が死亡すればこの権利もまた消滅するのが普通ですが、それをよいことに著作者の死亡を待って、死亡と同時に著作物の内容をゆがめたものを出版したり、他人の名前を付けて公表したりされたのでは、著作者の保護に十分とはいえないばかりか、読者のほうも混乱してしまいます。そこで著作権法は、著作者がいなくなった後でも、もしいたならば当然著作者人格権の侵害として異議を申し立てたに違いないと考えられるような行為はしてはならないと規定し（著作60条）、その監視の役目を著作者の遺族（著作者の配偶者、子、父母または兄弟姉妹）に与えています（著作116条）。この点については **Q51** に詳説します。

第4章　著作者人格権

2　著作者人格権の種類

(1) 公表権

Q41 亡くなった私の父は著名な学者でした。最近、父の回顧展がデパートで開かれたので行ってみましたが、驚いたことにそこに父が若かりし頃、某女に宛てたラブレターが展示されていることを知りました。父の名誉のためにそれを撤去してもらいたいと思いますが、可能でしょうか。

公表権の機能　　　ラブレターはそこに筆者の感情が込められておりますので、創作性があれば著作物として著作権の保護の対象となります。そして手紙については **Q25** で述べたように、発信によって名宛人にその所有権が帰属しますが、著作者人格権はもとより、著作権についても原則として差出人から名宛人に移転することはありません。したがって、展示の撤去を要請するには著作権か著作者人格権でいくしか途はないことになります。しかし、展示権は美術の著作物と写真の著作物にしか認められていないので（著作25条）、展示権で対処することはできません。残るは公表権の行使があるのみということになります。

　公表権とは、未だ公表されていない著作物を公表するかどうか、公表するとした場合にその時期および方法をどうするかについて決定する権利をいいます（著作18条1項）。作品を作ってはみたものの、出来映えについて著作者自身納得がいかず、公表すべきか否かを迷った末、結局公表を取り止めたところ、第三者によって勝手に

2 著作者人格権の種類

持ち出され、出版や展示などの方法によって公表されてしまうと、著作者としてはこれまで築き上げてきた名声が一挙に崩壊されるという危険にさらされることになり、多大の心理的負担を負わされることになります。そこでこれを防ぐ趣旨で認められたのが公表権です。この権利のおかげで著作者は、無断で公表した者に対し、損害賠償を請求したり、差止請求（ **Q41** の場合は撤去請求）したりできます（著作112条）。また告訴することによって、5年以下の懲役または500万円以下の罰金に処することもできます（著作119条2項1号）。

Q41 の場合、ラブレターを書いた当の本人が死亡していますので、後述のように（☞ **Q51** ）、子であるあなたが行使することは差し支えありません。ラブレターの内容について公表されることを喜ぶ人はまずいないと考えられますので、あなたの撤去請求はおそらく認められることになるでしょう。

Q42 親友からのメールに、彼女と別れた顛末を詳細に記したものがあります。面白いのでほかの2、3の友人たちにも転送しようと思いますが、なにか問題になりますか。

メールの転送

メールの内容がありふれた定型的な文章であったり、短いものであったりする場合は著作物性はないと考えられますが、 **Q42** のように彼女との別れた顛末を詳細に記したものについては、そこに感情が込められており、一般に著作物性を有するものとみて差し支えないように思われます。しかもその内容からして、他人には知られたくない、いわば内秘的な性質を有するもの

であり、親友であるあなたにだけ心情を打ち明けたものと考えられます。とすれば、その内容はあなたの胸のなかにだけとどめておくべきで、これを他人に知らせることは送信者の信頼を裏切る行為であって、法律上はプライバシーの権利の侵害に当たる可能性があります。プライバシーの権利とは、他人には知られたくない個人の秘密が他人によって暴露されたとき、本人はたえがたいほどの精神的苦痛を受けることになることから、これを保護しようとして判例によって認められた権利のことで、この権利を侵害された場合には、民法の規定により損害賠償を請求することができます（民709条）。

しかし、これとは別に当該メールが著作物性を有することから、著作権法上のなんらかの権利侵害となるかについては、かなり疑問の余地があるように思われます。いちおう考えられる権利としては公表権と公衆送信権（☞ **Q57**）とを挙げることができます。公表権とは、未公表の著作物を公衆に提供または提示する権利のことですから（著作18条1項）、友人へのメールの転送が著作物を「公衆」に提示したことになるか否かによって公表権の侵害いかんが決まることになります。本来、「公衆」の意義については不特定多数人のことを指すと解されていますが、著作権法はさらにその範囲を広げ、特定かつ多数の者を含むとしていますので（著作2条5項）、**Q42** の「友人」のように、範囲の種別が特定されていてもそれが多数に及べば、公表権の侵害に当たることになります。したがって、メールを送付する友人の数の多寡が重要ということになるでしょう。わずか2〜3人であれば多数とはいえないのではないかと思われます。またメールで送信することは公衆送信権に抵触する可能性がありますが、この場合も2〜3人の友人への送信は抵触しないと考えるべきものと思います。とはいえ、いったんメールを転送すると、受信

した者からさらに他に再転送され、個人の秘密が意外に多くの範囲に広がる可能性も否定できず、そのことからあなたとの親しい友人関係にヒビが入ることになりますので、親友の秘密は他に漏らさないことが肝要でしょう。

Q43 私の描いた絵が幸いなことに某美術館に買い上げられましたが、あとでよく考えてみますと、不十分な箇所が目立ちます。あのままの形で展示されるのは忍びがたいので展示場からの撤去をお願いしたいと考えています。はたして私の希望は容れられるでしょうか。

公表の同意の推定

絵が売却されると、絵の所有権が美術館に移転しますが、美術の著作物としての著作権まで当然に移転するということにはなりません。著作権から派生する権利のひとつに展示権がありますので、あなたとしてはこの展示権を使って公の展示を拒むということが形のうえではできそうに思われます。しかし、未公表の絵を売却するということは、買主によって公の場に展示されるかもしれないということを当然に予想して手放しているとみるのが自然です。とくに **Q43** のように買主が美術館の場合であるならなおさらといえましょう。そこで著作権法は、未公表の美術の著作物または写真の著作物の原作品を譲渡した場合に、これらの著作物をその原作品による展示についての公表を同意したものと推定する旨の規定を置き（著作18条2項2号）、展示権の行使に歯止めをかけています。

同様の規定はほかにもあります。著作者が未公表の著作物の著作

第4章　著作者人格権

権を譲渡した場合には、著作物の公表について同意を与えたものと推定されています（著作18条2項1号）。譲受人が著作権を取得したとしても、著作者の同意が得られないかぎり著作物の利用をすることができないというのは不合理だからです。また29条の規定によって映画著作物の著作権が映画製作者に帰属した場合も、映画の著作者はその著作物の公表につき同意を与えたものと推定されることにしています（著作18条2項3号）。映画の著作権についてはまた別に触れます（☞ **Q21**、**Q65**）。

Q43 の場合、あなたは美術館に対し、よりいい作品にしたいので一時借用したい旨を申し出てその許しを得て加筆する方法をとるべきでしょう。もし拒絶されたならば上に述べた推定の規定が働きますので、あなたとしてはあきらめるしかないように思われます。

Q44 私の家の近くに高層マンションが建築されるようです。日照その他で影響を受けるかどうかを調べるために建築設計図を見たいのですが、施工会社は取り合ってくれません。聞くところによれば、県に対する建築確認の申請の際には設計図が添付されているはずだから、情報公開法にもとづいて県にその閲覧を求めることができるとのことですが、このようなことが認められるでしょうか。

情報公開と公表権

Q44 と似たケースが情報公開法の制定以前にありました。事案は、神奈川県の公文書の公開条例にもとづいて、県民XがA社の設計にかかる共同住宅の建築確認申請書添付の図面につき閲覧を申請したところ、Y（知事）が著作者の公表権に依

拠して拒否し、これが裁判所によって認められたというものです。本来、公表権は著作者自身が主張するものであるのに、第三者である県が公表権をタテに公表を拒んだという異色の使われ方をしたもので、その当否については疑問のあるところですが、著作者の公表権が情報公開と密接な関係にあることを認識させた功績は大きいといわなければならないでしょう。

> 情報公開法の制定

　国民の「知る権利」の主張が高まりをみせ、それに押される形で平成11（1999）年に「行政機関の保有する情報の公開に関する法律」（以下、情報公開法といいます）が制定されました。同法によれば、行政機関の職員が職務上作成または取得した文書、図画および電磁的記録であって、当該行政機関の職員が組織的に用いられるものとして、当該行政機関が保有しているものを行政文書と定義し（情報公開2条2項本文）、これらの行政文書について開示請求があったときは、行政機関の長は若干の不開示情報を除き開示しなければならないものとしています（情報公開5条）。ここで注目すべきは、情報公開の対象とされている行政文書のなかに私人が作成し、国などに提出した未公表の文書、図画、写真なども含まれているということです（情報公開13条参照）。しかしこうなると、**Q44**のような場合、建築確認申請書に添付された未公表の図面も行政文書の扱いを受け、開示請求があったときには原則として行政機関の長は開示に応じなければならないことになります。本来、公表権の行使は著作者の専決事項であるはずなのに、情報公開法はこれを無視するという結果となり、ここに両者間に矛盾が生じることとなります。そこで法は、この矛盾を回避するため、特に規定を設け、著作者は、「その著作物でまだ公表されていないものを行政機

関……に提供した場合」には、「情報公開法の規定により行政機関の長が当該著作物を公衆に提供し、又は提示すること」について同意したものとみなすことにしました（著作18条3項1号）。これは著作者の同意を擬制することによって公表権の侵害を回避しようと図ったものです。このような処理の仕方には若干の疑問の余地はありますが、**Q44** の場合、あなたは県に対しこの法律にもとづき、図面の公開を求めることができますので、開示請求の申立てを行ってみたらどうでしょうか。

（2） 氏名表示権

Q45 私は学校の教師ですが、自分の趣味として余暇を利用してポルノ小説を書いていたところ、たまたま某出版社の目にとまり、出版することになりました。私は教育者として実名で発表することは困るのでペンネームを使用したいと考えていますが、出版社は実名にこだわっています。どうしたらいいでしょうか。

氏名表示権とは　　　著作物の公表に際して、著作物に著作者名を表示するか否か、表示するとしたときいかなる表示をするかを決定する権利を氏名表示権といいます（著作19条1項）。ここにいう著作者名の表示とは、実名や変名（ペンネーム、雅号など）の表示のほか、称号その他身分・職業などに関するあらゆる肩書きの表示を含んでおり、他人が著作者に無断で氏名・称号を変えて表示したり、氏名・称号を削除したり、あるいは無名の著作物に著作者の実名を入れて表示したりする行為は、いずれも氏名表示権の侵害となります。その場合の効果は公表権の場合と同様です（著作112条、

119条2項)。

Q45の場合、教育者であるあなたとしては、たしかに実名での公表は世間の非難を受ける危険性がかなり高いと考えます。あなたは著作者として氏名表示権があることを理由に、ペンネームの使用を頑張ってみてはどうでしょうか。どうしても駄目であるならば、他の出版社と交渉してみることをお勧めします。

(3) 同一性保持権

Q46 ある著名な作家の作品を出版しようと考えている出版社です。困ったことに、その作品は旧かなづかいで、しかも常用漢字以外の難しい漢字がふんだんに使用されています。当社は新かなづかいでかつ常用漢字使用をうたっているので、これをほかの書籍と同様、勝手に直したいと思っていますが、差し支えないでしょうか。検定教科書に使用する場合はどうでしょうか。

同一性保持権とは

著作物とそのタイトルの同一性を保持し、無断でこれの変更、切除その他の改変を行うことを禁止する著作者の権利を同一性保持権といいます（著作20条1項）。著作物は著作者が苦心の末作成したもので、いわば著作者の人格がそこに投影されたものだということができます。したがって、当然のことながら著作者はその作品に自分の分身であるかのような愛着心を抱いているのがふつうであり、他人が勝手に手を加えることは——たとえ、それによって作品がよりいいものになったとしても——著作者の心を傷つける結果となることが多いものと思われます。そこで著作者のこのような精神的利益を保護する趣旨でこの権利が設けられました。

第4章　著作者人格権

Q46 では作家が旧かなづかいと漢字の使用にこだわりをもっているようですが、作者のなかには谷崎潤一郎のようにカタカナの文体にこだわったり（「瘋癲老人日記」の場合）また時には、ひらがなの文体にこだわったり（「盲目物語」の場合）する場合があるようです。本人の美意識にもとづいてあえてそのような試みを行っているのですから、それを第三者が勝手に直すことは同一性保持権の侵害となります。**Q46** の場合も同様といえます。あなたの会社が新かなづかいと常用漢字の使用を社是としていたとしても、それは会社内部のことで作者を拘束することはできません。あなたとしては社是のことを話して修正の了解をいただくか、それに応じてもらえない場合には作家の要望どおりにすべきであって、勝手に直したりすることは許されません。

しかし、検定教科書に載せる場合は別です。後に詳述しますが、高校以下の検定教科書に載せるときは、著作権の行使に制限が課せられ、著作権者の許諾がなくても自由に使えることになっています（著作33条1項）。しかし、たとえば、小学校3年の国語の教科書に使用する場合に、4年生以上で習うべき漢字はひらがなにしなければならず、また新かなづかいを使用しなければ教科書としては役に立たないという教育目的の性質からいって、教科書における改変はある程度やむをえないものと考えられます。そこで著作権法は、学校教育の目的上やむをえないと認められる改変については著作者の了解なしに出版社サイドで自由に行えることとして、同一性保持権の行使に歯止めをかけています（著作20条2項2号）。

Q47 私は某新聞の「読者の声」欄を担当しています。投稿してくるたくさんの葉書のなかから内容においてすぐれていると判断し

たものを取り上げて新聞に掲載していますが、内容がすぐれているものではあっても、文章としてはまずくて載せられないのが往々にしてあります。そのときには、私が書き直して掲載することにしていますが、これは同一性保持権の侵害になるのでしょうか。

投稿のリライト

結論からいえば、簡単な誤字・脱字の訂正ならばともかく内容を大幅にリライトする場合は、同一性保持権の侵害となる可能性が高いです。かりにリライトによって格段に読みやすいものになったとしても、本人に無断で手を加える行為は慎まなければなりません。もっとも、このような場合、本人からクレームがつくことはまずないと思われますが、なかには変わった人がいて同一性保持権の侵害を主張してこないとも限りません。それを避けるためには、時々、社告という形で、「読者の声欄への投稿のお願い」というタイトルのもとに、投稿の要望文とともに、「掲載の際には編集部で手直しをする場合があります。」という一文を付け加えておけば、投稿者はそれを読み、その趣旨を了解のうえ投稿してきたものと解することができますので、同一性保持権の侵害の主張をかわすことができるのではないでしょうか。

Q48 私どもの大学には著名建築家の手になる講堂がありますが、長い年月の経過とともに大幅な手直しが必要になってきました。建築家に無断でこれを行っても差し支えないでしょうか。耐震補強工事や移設はどうでしょうか。キャンパスが狭くなってきたので老朽化したこの講堂を取り壊すというのはどうでしょうか。

第4章　著作者人格権

建築著作物の増改築等

　　　　　　　　　　　　　　建築著作物はその美的外観からみて美術の著作物の一種といえるように思われますが、美術の著作物のようにただ飾って眺めて楽しむというものではなく、そこに人間が住み居住するという点に相違がみられます。したがって、持ち主の都合によって増築、改築などの改変が行われるのはやむをえないものであって、これは建築著作物のいわば宿命といってよいのかもしれません。そこで法は、「建築物の増築、改築、修繕又は模様替えによる改変」について同一性保持権が働かない旨を規定し、著作者からのクレームを排除しています（著作20条2項2号）。耐震補強工事も建築物の強度を保つためのもので地震国のわが国においては必要不可欠のものですから、当然に同一性保持権は及ばないことになります。

建物の移設

　　　　　　　　　　移設については判例が1つあります。慶応大学が新校舎を建設するにあたり、建築家谷口吉郎（故人）と彫刻家イサム・ノグチ（故人）が共同設計した「新万来舎」と称する建物と隣接する庭園を解体して移設しようとしたところ、イサム・ノグチの死後、同人の著作物に関する権利をすべて承継したと称する財団が同一性保持権の侵害を理由として移設工事の差止めを請求したという事案において、東京地裁は、法20条2項2号の立法趣旨、移設の必要性、可能なかぎり現状に近い形での復元の予定などを考慮して、移設が同一性保持権の侵害に当たらない旨を判示しております（東京地決平成15・6・11判時1840号106頁）ので、これが参考となります。

2 著作者人格権の種類

> 取り壊す行為の評価

建築著作物を取り壊して完全に無くしてしまう行為が同一性保持権の侵害に当たるか。これは難しい問題です。一部損壊が同一性保持権の侵害に当たるのであれば、もちろん解釈として全部滅失はなおさら同一性保持権の侵害に当たるというのがひとつの考え方です。しかし、建築物は著作権や著作者人格権の対象となる著作物であると同時に所有権の対象となる有体物でもあります。所有者は本来自分の所有する物を自由に処分することができるはずであるのに、建築物の場合にだけそれができないというのはおかしな話です。したがって私は、一部取り壊したという場合には同一性保持権が働くとしても、全部滅失の場合には同一性保持権の適用の余地はないと解すべきではないかと思います。これは建築著作物の場合だけでなく、絵画や彫刻などの美術の著作物についても当てはまるのではないかと考えます。

Q49 A大学の学生である私は、大学の主催する懸賞論文の募集に応募し、最優秀賞をとることができました。最優秀賞の論文は大学が発行する紀要に掲載されることになっており、私の論文も掲載されましたが、読んでみると、私に無断で加筆・修正がなされていることを知りました。問い合わせますと、この論文制度は教育実践の一貫として行っているのであるから、教授による加筆・訂正は当然許される行為であると言われました。私としては同一性保持権の侵害に当たるのではないかと思うのですが。

第4章　著作者人格権

同一性保持権の侵害とはならない場合

Q46で述べたように、著作物は著作者の人格がそのまま投影されたものであり、著作者にとっては自分の分身ともいえるものですから、著作物に対しては並々ならぬ愛情を抱いているはずです。したがって、他人がこれに勝手に手を加えることは、たとえ手を加えることによって第三者が見た場合、よりよくなったと思えるものであっても、著作者にとっては納得できない場合もあるものと思います。そこで著作権法は、「著作者は、その著作物及びその題号の同一性を保持する権利を有し、その意に反してこれらの変更、切除その他の改変を受けないものとする」と定め（著作20条1項）、著作者の意に反した改変等は許さないとの原則を掲げました。しかし、これには例外があり、①教科用図書への掲載または学校教育番組の放送のために著作物を利用する際の用字または用語の変更その他の改変で学校教育の目的上やむをえないと認められるもの（☞**Q46**）、②建築物の増築、改築、修繕または模様替えによる改変（☞**Q48**）、③プログラム著作物をコンピュータにおいて利用できるようにするための改変、④その他著作物の性質ならびにその利用の目的および態様に照らしやむをえないと認められる改変、に該当する場合に限り、同一性保持権は働かないものとしています（著作20条2項）。**Q49**の場合、②③のケースではないのはいうまでもありません。また①のケースの教科用図書というのは高等学校以下の教育機関における教育用の図書のことですから、これにも該当しません。問題は④のケースに当たるといえるかどうかです。

H大学懸賞論文事件の判断

参考になる事例を紹介しましょう。H大学の学生であるAは、学内の懸賞論文選考において優秀賞を与えら

れ、その論文がH大学発行の雑誌に掲載されました。ところが掲載にあたり大学当局は、(a) 目次、あとがきの日付、付録である調査票、地図の削除、(b)「困民軍」を「困民党」と変更、(c) 送り仮名の変更（たとえば、「現われ」を「現れ」に）、(d) 読点の使い方の変更（たとえば、「……、等」を「……等」に）、(e) 中黒の読点への変更（たとえば、「　」・「　」を「　」、「　」に）、(f) 改行の省略、(g) 加算の誤りの修正、(h) 明らかな誤植の訂正、など53箇所にわたってAの承諾を得ずに行ったのです。そこでAは同一性保持権の侵害などを理由に損害賠償を請求するとともに、新聞紙上への謝罪文の掲載を求めて訴えを提起しました。この事件において、第一審の東京地裁は (a)(b) については同一性保持権の侵害を認めたものの、(c) 〜 (h) については同一性保持権の侵害を認めませんでした。ところが第二審の東京高裁は、④のケースに該当するというためには、利用の目的および態様において、著作権者の同意を得ない改変を必要とする要請が①〜③のケースと同程度に存在することが必要であると解するのが相当であると判示して、(c) 〜 (f) についても同一性保持権の侵害に当たると結論づけています（東京高判平成3・12・19知的裁集23巻3号823頁）。このことから明らかなように、判例の考え方というのは、一般に考えられているよりははるかに厳しい態度をとっているということになります。私は、同一性保持権というのは、著作者の精神的・人格的利益保護のために設けられた権利であるから、厳密には著作物の改変に当たる場合であっても、それが著作者の精神的・人格的利益を害しない程度のものであるときは、同一性保持権の侵害とはならないとの見解をとっていますが、判例はこれより厳しい態度をとっているのが現実だということに注意する必要があるのではないでしょうか。

第4章　著作者人格権

（4）その他

Q50 画家であるわたしの描いた裸婦の絵が画商の手を通じて風俗店経営者の所有物となりましたが、彼はその絵を店頭に置いて看板替わりに使用しているのを知りました。私は自分自身が汚されているような不快感をもっていますが、彼は自分の所有している絵をどのように使ってもかまわないはずだと言って、私の撤去請求に応じてくれません。どうにかならないものでしょうか。

著作者の名誉・声望を
害する著作物の利用　絵を売却するとその絵の所有権は買主に帰属します。しかし、著作権自体はふつう画家のもとにとどまっておりますので、画家は、美術の著作物の著作権に含まれている展示権にもとづいて展示の拒否を申し入れることができるはずです。しかし、展示権のところでも説明しますが（☞**Q64**）、画家としては自分の描いた絵を手放すときはそれが公に展示されることをなかば了承したものと考えるのが妥当です。そこで著作権法は、「その美術の著作物又は写真の著作物でまだ公表されていないものの原作品を譲渡した場合」に、「これらの著作物をその原作品による展示の方法で公衆に展示すること」について著作者は同意したものと推定すると規定しています（著作18条2項2号）。したがって、**Q50**のように、絵の買主が看板代わりに使おうと応接間に飾ろうと、すべて自由のはずで、画家がこれにクレームをつけることは本来できないことといわなければなりません。しかし、その使い方にも限度があります。たとえば、持ち主が自分の絵だからといってそれに手を加

えますと同一性保持権の侵害となりますし、他人の名前を付して展覧会に出品したりしますと氏名表示権の侵害となります。またさらに、**Q50**のように、展示の方法などに問題があり、画家の名誉や声望が害されるような利用の場合には著作者人格権の侵害とみなす旨の規定が置かれております（著作113条6項）ので、これによって買主の利用の仕方にクレームをつけ、撤去を求めることができるといえましょう。

3 著作者の死後における扱い

Q51 私の祖父はかなり有名な画家でしたが、最近、無名の頃に描いたものの気に入らず未公表のままにしておいた絵画が偶然発見され、私たち遺族の知らないうちに勝手に美術館に展示されているようです。祖父の名誉のためにこれを取り止めたいと考えていますが、これは可能でしょうか。祖父が亡くなってから60年以上も経過しているのですが。

著作者の死後における
著作者人格権の行使

Q70 以下に説明しますが、死後50年以上経っているとのことですから、著作権はすでに消滅しています。それでは著作者人格権はどうでしょうか。**Q40**でも説明しましたが、著作者人格権は一身専属的な権利とされていますので（著作59条）、死後50年どころか、著作者の死亡と同時に消滅するはずです。しかし、そうなると、著作者の死亡とともに同一性保持権や氏名表示権も消えてしまうことになりますから、作品の内容をめちゃめちゃに変えても、著作者名を他人の名前に付け替えても、まったく差し

第4章　著作者人格権

支えないことになり、これが不当なことはいうまでもありません。そこで法は、「著作物を公衆に提供し、又は提示する者は、その著作物の著作者が存しなくなった後においても、著作者が存しているとしたならばその著作者人格権の侵害となるべき行為をしてはならない。」と規定して（著作60条本文）、著作者人格権の侵害が起こらないように注意を喚起するとともに、その監視役として著作者の「遺族」を指定し、著作者人格権を侵害する行為をする者に対して差止請求や名誉回復措置請求を行うことができるものとの規定を置いております（著作116条1項）。したがって、祖父がもし生きていたならばその絵画の公表を拒んだであろうと考えられる場合には、「遺族」は公表の禁止、つまり展示を取り止めるよう美術館に対して請求することができます。

ただ問題なのは、このような請求をすることができる「遺族」についてです。旧著作権法は「著作者ノ親族」としていました。「親族」の範囲は民法上、①六親等内の血族、②配偶者、③三親等内の姻族、となっていましたから（民725条）、その範囲はかなり広いものであったわけで、極端な場合、その数は数百人にのぼることも考えられることになります（親等は、親族間の世代数で数えられ、たとえば親と子は一親等、親と孫との間は二親等、叔父と甥・姪との間は、同一の祖先にさかのぼってから下る世代数によるので三親等、従兄弟同士は四親等となる）。これはきわめて現実離れして不合理ですので、現行法はこの範囲を縮減し、死亡した著作者の「配偶者、子、父母、孫、祖父母又は兄弟姉妹をいう。」としています（著作116条1項）。これによってその範囲はかなり絞られたことになります。さらに、請求をすることができる遺族の順位についても、配偶者、子、父母、孫、祖父母、兄弟姉妹の順序としていますので（著作116条2項）、

従来よりもかなり明確になったということができます。とはいっても、これですべてが明らかになったというわけではありません。たとえば、①後順位者は先順位者が請求しない場合に請求できるとする趣旨なのか、先順位者が請求しないのも権利行使の一態様とみて後順位者の請求を許さず、後順位者は先順位者の死亡または権利の放棄がある場合に限り請求できるという趣旨なのか、②先順位者の請求がかえって著作者の意に反するような場合に、後順位者はこれに異議を申し立てることができるのか、③同順位者が数人いる場合、請求は各自勝手に行うことができるのか、などが不明だからです。これらの点については、判例が出るのを待つしかないと思われます。

> コラム　**4 肖像権・パブリシティ権**
>
> 　個人の人格に関係するという点では著作者人格権と同じ範疇に入るものの、著作物とはまったく関係ないためにこれとは区別される権利に肖像権、パブリシティ権があります。人はだれでも自分の姿・形を他人によって無断で撮影されない権利や自分の肖像が写った写真を無断で公表されないという権利をもっていると考えられております。これが肖像権といわれるもので、わが国にはとくにこれを明記した法律はありませんが、人格権の一種として広く認められております。一方、パブリシティ権とは、一定の名声や社会的評価を獲得した芸能人やプロスポーツ選手などの著名人の氏名・肖像を商品の宣伝や広告に使用し、その顧客吸引力によって営業利益を上げようとの意図の下に企業が利用した場合に、その経済的価値を芸能人やスポーツ選手のほうからみての権利として認識されるようになったものをいいます（東京高判平成18・4・26判時1954号47

頁)。

第5章

著作権から派生する権利

　著作権というのは打ち出の小槌のようなもので、そこからなんでも出てきそうな感じがするのですが、著作物が使用されるそのすべての場合に著作権が出てくるわけではありません。たとえば、書店で本を立ち読みしたり、レシピの本を読んで指示どおりに料理を作ったり、本や絵を包み紙として使用したりするなどの行為には、著作権が及ぶことはありません。著作権は著作物の一定の使い方の場合にのみ、発動されるのです。そして発動される場合に応じて権利が認められております。これらの権利が著作権から派生的に生じる権利であるわけです。それでは、著作権から派生的に生じるこれらの権利についてみていきましょう。

第5章　著作権から派生する権利

1　著作権の構造

Q52 著作権はどのような権利から成っているのでしょうか。

著作権の仕組み

　著作権は英語で COPYRIGHT といいますが、この言葉から明らかなように著作権は COPY する権利、つまり複製権と同意語でとらえられていた時代がありました。それは活版印刷の登場によって著作物を印刷・出版する権利を望む人たちの要望を充たす制度として、著作権制度が誕生したことに起因したからです。ところが、その後機械技術の発展によって映画が誕生すると、著作物を上映という手段で利用することができるようになり、このことから著作権から派生する権利として上映権が生じるようになりました。また放送という技術が開発されると放送権という権利が著作権から派生する権利として認められるようになりました。このようにして、機械技術の進歩によって著作物の新しい利用方法が生まれるたびに著作権から派生する権利が生まれ現在にいたっております。その権利の種類は【図表5-1】のとおりです。現在はこれだけ認められておりますが、今後も技術の発展によって新たな権利が生まれる可能性は否定できないところといえます。

　ところで、上に述べたような構造をとるところから、著作権は「権利の束」であるといわれることがあります。確かに複製権、上映権などの権利が著作権から出てくるところから、著作権はこれらの権利が束になったものにすぎないとみることもできますが、正確には著作権はこれらの権利の集合体ではなく、むしろ著作権という1本の樹木からこれらの権利が枝葉のように派生的に生まれたもの

と考えたほうがよいものと思われます。

【図表 5-1】 著作者の権利

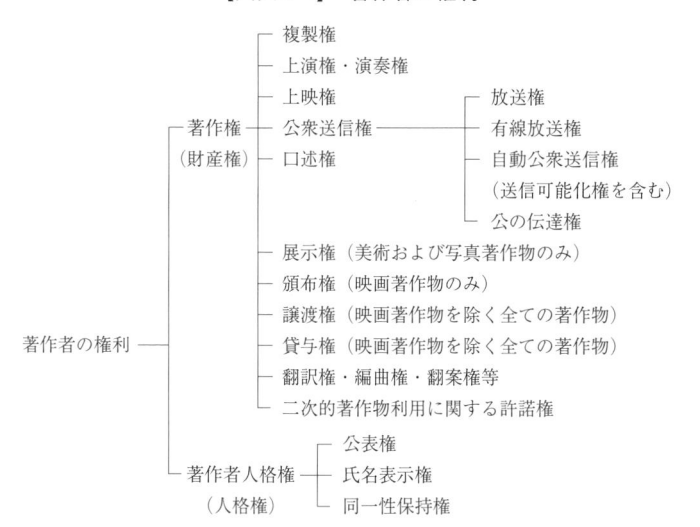

```
                      ┌─ 複製権
                      ├─ 上演権・演奏権
                      ├─ 上映権              ┌─ 放送権
          ┌─ 著作権    ├─ 公衆送信権 ─────────┤─ 有線放送権
          │ (財産権)   ├─ 口述権              ├─ 自動公衆送信権
          │           │                     │  (送信可能化権を含む)
          │           │                     └─ 公の伝達権
          │           ├─ 展示権(美術および写真著作物のみ)
          │           ├─ 頒布権(映画著作物のみ)
著作者の権利┤           ├─ 譲渡権(映画著作物を除く全ての著作物)
          │           ├─ 貸与権(映画著作物を除く全ての著作物)
          │           ├─ 翻訳権・編曲権・翻案権等
          │           └─ 二次的著作物利用に関する許諾権
          │           ┌─ 公表権
          └─ 著作者人格権 ├─ 氏名表示権
             (人格権)   └─ 同一性保持権
```

Q53 「撮影禁止」の標識のある寺院に入って 100 年に一度だけご開帳となる天平時代に作られた国宝の秘仏をひそかに撮影し、これをもとに絵葉書を作成して売り出そうと考えています。ところが、そのことを伝え聞いた寺院は、私の行ったことに強く反発しているということです。しかし、天平時代の仏像には著作権はないと思うので、私はなんら差し支えないと思っています。門外不出の文化財を世に知らせるためにも強行するつもりですが、問題はないでしょうか。

第5章 著作権から派生する権利

> 所有権と著作権の関係

　国宝の秘仏ということであれば当然に著作物性を有し、著作権で保護されることになるはずです。そしてこれの撮影は複製に該当しますので、無断で撮影しこれを絵葉書にして売り出せば複製権の侵害となり、さらには譲渡権の侵害にもなるはずです。しかし、天平時代に作られた秘仏であり、著作物性があるとしても、著作権の保護期間である著作者の死後50年はとうの昔に経過してしまっていますので、現在では著作権は消滅しています。したがって、著作権の侵害として処理することはできません。

　しかし、仏像のような美術的著作物の原作品は、人間の頭で考え出された知的創作物、つまり形のない物（無体物）として著作権で保護される一方、形のある物（有体物）の支配を認める所有権でも保護されるという二面性を有しています。そこで、Q53のように、著作権では保護されない場合であっても、所有権で保護されることは可能です。所有権は著作権とは異なり、保護期間というものはなく永久に保護される権利だからです。ただ、所有権は、対象となる有体物が他人によって物理的に害される場合にそれを阻止する機能として、妨害排除請求権、妨害予防請求権、目的物返還請求権が認められておりますが、Q53の場合のように、仏像自体に手をかけることはせずに、写真撮影したというだけにとどまっている場合、仏像になんら被害はないわけですから（もっとも、フラッシュなどを使用することによって仏像になんらかの物理的障害が生じた場合は別）、これらの機能を行使する余地はありません。したがって、所有権にもとづいて絵葉書の販売を差し止めることはできないものと思われます。

　とはいえ、あなたがまったく免責されるというわけでもありませ

ん。「撮影禁止」という標識があるのを知ったうえで入山したということは、撮影禁止の特約付きの秘仏観覧契約にあなたが応じているということになりますので、撮影行為は特約違反であり、契約違反による損害賠償責任が追及されることになりますし、場合によっては、撮影しないという不作為債務の不履行の場合の強制執行の方法のひとつとして行われる作為行為の除去（**Q53**の場合、絵葉書の破棄など）が請求されることも考えられます。寺院と話し合いをすることをお勧めします。

2 複製権

Q54 当社では毎日のように研究書や雑誌から当社に関係のある記事をコピーして関係部署に配布しています。これは著作権法上問題となる行為でしょうか。もし問題となるのであれば、どのようにすれば合法的に行えるようになるのでしょうか。

複製権の及ぶ範囲

著作権から派生する権利のひとつに複製権がありますので、著作物を複製する際には、原則として著作者から複製の許諾を受けなければなりません（著作21条）。ここで複製というのは、印刷、写真、複写、録音、録画その他の方法により有形的に再製することをいいます（著作2条1項15号）。小説や論文を筆写、複写、印刷したり、絵画や彫刻を模写、写真撮影したり、講演をテープに入れ、音楽をCDなどに吹き込んだりする行為がこれに当たります。作成される複製物の数は重要ではなく、たとえ複製物が1コピーであっても著作者の許諾なしに行えば複製権の侵害、

第5章 著作権から派生する権利

ひいては著作権の侵害となるのが原則です（ただし、これには30条、31条などの若干の例外がありますが、これについては後に触れます。☞第7章）。

> 日本複製権センターの役割

Q54のように会社が社内向けにコピーを作成して配布する行為は、法の定めるわずかな例外の場合に当たらないので許諾を受けなければなりません。そして許諾を受ける際には使用料を払わなければならないのが通常です。とはいえ、権利者を一人ひとり探し出して許諾を得るのはとても大変なことです。そこで、コピーに関する権利を集中的に管理して、利用者が簡単な手続でコピーを適法に行うことができるようにするため、複製権の管理団体がいくつか誕生しています。日本複製権センター（JRRC）（以下、センターといいます）、出版者著作権管理団体（JCOPY）、学術著作権協会（JASC）、新聞著作権協議会（CCNP）がそれです。このうちセンター以外の3団体はセンターの構成団体であり、著作権者から管理の委託を受けた著作物について自ら管理するとともに、その一部についてはセンターに管理を再委託しています。
以下においては、センターを例にとって、その仕組みについて説明しましょう。センターの管理していない著作物についてはそれぞれの団体に問い合わせてください。

このセンターは、著作権者から複写もしくはファクシミリ送信に関する権利行使の委託を受けてこれを管理し、コピーを希望する利用者との間に複写利用許諾契約を締結して複写使用料を徴収し、徴収した使用料を権利者に分配するという仕事を行っています。著作物のコピーを希望する者はセンターと複写利用許諾契約を結び、所定の使用料を支払うことによって適法にコピーができることになる

わけです。

　契約の仕方には個別許諾契約と包括許諾契約の2通りの方法があります。個別許諾契約は、コピーのたびごとに、センターから許諾を得て使用料を支払うというもので、あまり著作物のコピーをしない場合に適した方法といえます。これに対して包括許諾契約は、一度契約をすれば契約期間中はコピーのたびごとに許諾を得る必要はなく所定の使用料をまとめて支払えばよいとするもので、著作物を頻繁にコピーする企業や団体などに適した方法といえるでしょう。包括許諾契約は、使用料の支払い方法いかんによって次の3つの方式に分かれます。

（1）**実額方式**　　契約締結後、利用者は出版物の複写等の全記録をとり、一定期間ごとにセンターに報告し、使用料を支払う方式

（2）**定額調査方式**　　その企業の本社、工場、営業所などの数箇所で一定期間複写の調査を行って年間使用量を推計し、使用料を決定する方式

（3）**その企業の従業員数や複写機器の台数などにより年間使用料を決定する方式**

　詳しくは、センターに問い合わせてください。

　公益社団法人　日本複製権センター（JRRC）

　　〒107-0061　東京都港区北青山3-3-7　第一青山ビル3階

　　　　　　　　　　　　　　　　　TEL：03-3401-2382

　なお、とくに注意を要するのは、毎日の新聞各紙の記事のなかから自社にとって必要と思われる記事を切り抜き、それをコピーして関連部署に配布するという、いわゆるクリッピングサービスについ

てです。これはセンターに権利の行使が委託されていません。したがって、このような場合には、各新聞社に直接交渉して許諾を得る必要があります。

3 上演権・演奏権

　演劇や音楽などの著作物を公衆に見せたり聞かせたりする権利として、上演権・演奏権が著作権から派生する権利として認められています（著作22条）。

> **Q55** 私はカラオケボックスを経営している業者ですが、最近音楽関係の権利者団体のほうから演奏権を侵害しているとの警告を受けました。しかし、楽曲を流し、歌っているのは客であり、しかも公衆に聞かせるのではなく、彼らの仲間だけで楽しんで歌っているのに、私が演奏権を侵害しているというのは納得できません。私の考えは間違っているのでしょうか。

演奏権とは

　演奏権とは、著作物を公衆に直接聞かせることを目的として演奏する排他的権利のことをいいます（著作22条）。ここにいう演奏には器楽演奏だけでなく歌う行為も含まれます（著作2条1項16号）。また演奏には録音・録画物の再生と電気通信設備による伝達もまた含まれます（著作2条7項）。したがって、音楽著作物を吹き込んだCDを著作者に無断で公衆に直接聞かせることを目的として再生すること（たとえば、飲食店で来客へのサービスとしてBGMを流すことなど）は、著作権の侵害となります。

3 上演権・演奏権

カラオケの利用による営業行為

　カラオケ装置を利用して公衆に歌を聞かせる行為が演奏権に抵触することは間違いありませんが、**Q55**のようにカラオケボックスの経営者が演奏権に抵触するかについては、経営者みずからが歌うわけでも、楽曲を演奏するわけでもなく、ただ設備を用意して来客に操作すべてを任せるものであるだけに問題となります。この点について判示したのがカラオケスナック「クラブ・キャッツアイ」事件の最高裁判決（最判昭和63・3・15民集42巻3号199頁）です。すなわち判決は、「客やホステス等の歌唱が公衆たる他の客に直接聞かせることを目的とするものであることは明らかであり、客のみが歌唱する場合でも、客は、店の経営者（以下、Ｙとする）らと無関係に歌唱しているわけではなく、Ｙらの従業員による歌唱の勧誘、Ｙらの備え置いたカラオケテープの範囲内での選曲、Ｙらの設置したカラオケ装置の従業員による操作を通じて、Ｙらの管理のもとに歌唱しているものと解され、他方、Ｙらは、客の歌唱をも店の営業の政策の一環として取り入れ、これを利用していわゆるカラオケスナックとしての雰囲気を醸成し、かかる雰囲気を好む客の来集を図って営業上の利益を増大させることを意図していたというべきであって、前記のような客による歌唱も、著作権法上の規律の観点からはＹらによる歌唱と同視しうるものである」と判示し、経営者が演奏権に抵触する趣旨を明らかにしています。つまりこの判例は、カラオケ行為の全体が店の経営者の管理・支配下に置かれていること、そして経営者はこれによって利益の帰属を意図していること、を要件として、経営者自身をカラオケ歌唱の主体ととらえております。この考え方は、公衆に直接聞かせることを目的として演奏しているといえるかどうか疑問のある個室カラオケ、

カラオケボックスの場合についても及ばされ、経営者が演奏権に抵触する旨を判示する判例が多数現れるにいたっています（ビッグエコー事件における東京地判平成 10・8・27 知的裁集 30 巻 3 号 478 頁、レーザーカラオケ事件における東京高判平成 11・7・13 判タ 1019 号 281 頁など）。

なお、この考え方は一般に「カラオケ法理」と呼ばれ、カラオケ以外の場面においても広く使われるようになっています。

4　上映権

Q56 学会で研究発表を行うにあたり、他人の作成した図表とか統計表をプレゼンテーションとして会場内に映し出したいと思っていますが、上映権の侵害になるといわれました。映画を上映するのではなく、あくまでも文字情報などの静止画像なのですが、それでも上映権が働くのでしょうか。

上映権とは

　　　　　　上映権というのは、著作物を公に上映する権利のことで著作権から派生的に生じます（著作 22 条の 2）。ここに上映というのは、著作物（公衆送信されるものを除く）を映写幕その他の物に映写することをいいます（著作 2 条 1 項 17 号前段）。スクリーンに限定されていませんから、テレビの受像機に映し出す場合はもちろんのこと、パソコンのディスプレイやビルの壁面の大型ディスプレイに映し出す場合もすべて、ここにいう上映に該当します。公衆送信されるものが除外されているのは、上映権を認めなくても公衆送信権のなかに含まれるので、これで処理されるからです。

たとえば、駅の公衆待合室にテレビの受像機を置いて放送する場合のように、公衆送信される著作物を受信装置を用いて公に映写される場合などが典型です。なお、映画著作物の上映には、映写に伴ってそれに固定されている音を再生することも含まれています（著作2条1項17号後段）。

|上映権の適用範囲|

あなたが疑問をもたれたように、上映権は映画著作物のために設けられたもので、当初は映画著作物についてのみに適用されるものでした。ところが、映像技術の進展により、たとえば、**Q56**のように、学会や講演会においてパソコンを用いて行う静止画像や文字情報のプレゼンテーション、美術館における受像機を用いての絵画・写真のディスプレイなど、様々な形態のものが現れてきて、これにも著作者の権利を及ぼす必要が生じてきました。そこで平成11（1999）年の法改正により、上映権の適用範囲を拡大して、すべての著作物に上映権が認められるようになりました。したがって**Q56**の場合においても、原則として著作者から許諾を得る必要があります。ただ、説明の材料としてのわずかな上映であるならば、引用として扱われるので（著作32条1項）、この場合には許諾を受ける必要はありません。しかし、この場合には出典を明示しておかなければなりませんので注意が肝要です（著作48条1項・2項）。

5　公衆送信権等

Q57 公衆送信権が誕生するまでいくつかの変遷があったと聞きましたが、それはどのようなものだったのでしょうか。

第5章　著作権から派生する権利

> 放送権としてスタート

わが国でラジオ放送が始まったのは大正14（1925）年のことです。他の国においてもほぼ同様の状況であったようで、この頃に先進国においては放送権が国内法において承認されるようになりました。そしてこれより3年後の昭和3（1928）年に、著作権を保護する条約であるベルヌ条約がローマにおいて改訂され、新たに放送権が著作権から派生する権利のひとつとして国際的に認められるにいたりました。

このような動向を受けてわが国が放送権を承認したのが昭和6（1931）年のことです。ところで、ここにいう「放送」とは、当時の技術水準から「無線電話ニ依ル放送」、つまり無線放送のことでした。

> ミュージック・サプライ事件の発生

昭和31（1956）年頃、札幌市においてミュージック・サプライと称する事業を営む青年が登場し、レコード業界に一大センセーションを巻き起こしました。彼の行った商売は、自社内に有線放送設備を設け、レコードを顧客へのサービスとして店内で流していたバー、喫茶店、レストランなどと契約して有線で結び、これらの店より聴取料を徴収してレコードを間断なく有線で放送するというものでした。このような水商売の店は、それまで新譜レコードが発売されるたびごとに、それを購入して店内で流さなければならず、そのために費やされるレコードの購入費やレコードをかけるための人件費などはかなりの額に達していたようです。しかし、ミュージック・サプライと契約すれば、費用の点で大幅な節約が可能となったため、争って有線放送契約を結ぶようになり、この商売は完全に成功したのです。

このうわさが広まると、あっという間に全国に相次いで同業者が多数登場するようになりました。これで音を上げたのはレコード業界です。新譜レコードの最大の得意先であった水商売の店がレコードを買わなくなったからです。そこで危機感を抱いたレコード製作者は一致団結して、この現象を最初に作り出したミュージック・サプライを相手取り、放送権の侵害を根拠に有線放送の停止と損害賠償を求めて訴えを提起しました。

この訴訟は論点が多岐にわたり、しかも違憲問題まで含んでいたために最高裁大法廷判決にまで及ぶという旧法時における重要な判決のひとつとなりましたが、なかでも注目を集めたのは、放送権の侵害についての主張の当否に関してでした。レコード製作者側は有線放送も放送の概念のなかに入るとの見解に立ち、ミュージック・サプライの行った行為は放送権の侵害に当たると主張したのに対し、ミュージック・サプライ側は放送の概念のなかに入るのは無線放送だけであり有線放送は入らないから放送権を侵害していないと主張したのです。最高裁は後者の見解をとり、この部分についてはミュージック・サプライの勝訴でしたが、その他の点については、ミュージック・サプライ側に勇み足があり、結局、両者痛みわけの結論となったのです。

有線放送権から有線送信権へ

この事件の結末はともかくとして、ミュージック・サプライ事件は、著作物を有線放送という形で利用できるという認識を一般に与えた功績はきわめて大きいといわなければなりません。昭和46（1971）年に旧来の著作権法を一新した新著作権法が施行されましたが、このなかに有線放送権が著作権から派生する権利のひとつとして、これまでの放送権と肩を並べて承認される

にいたったからです。ミュージック・サプライ事件判決の影響がここに現れたということができましょう。

ところで、ここにいう有線放送は本来、不特定多数の視聴者に対して同一内容の情報を同時に送信することを意味するものと考えられていました。したがって、その後に登場したビデオテックスやVRS、さらにはデータベースのオンラインサービスのように、利用者側の個別の要求に応じて著作物を送信するという性質のものをはたして有線放送の概念のなかに含めてよいかについて疑義が生じました。その結果、昭和61（1986）年の法改正において、有線放送の上位概念として新たに有線送信の概念を導入して、データベースのオンラインサービスなども有線送信のなかに含まれることを明らかにし、同時に有線放送権を有線送信権に改組しました。

> さらに公衆送信権へ

ところが、最近の情報伝達手段の急速な発展は目を見張るものがあり、無線LANの登場によって無線によるインタラクティヴ（双方向）送受信が可能となり、さらにはパソコンを携帯電話に接続して送受信したり、放送衛星を経由したうえで有線で情報を伝達したりするなど有線と無線とを併用する送受信形態が登場するようになってきました。そうなると、有線・無線の区別を維持する意味がなくなったため、平成9（1997）年の法改正によりすべてが公衆送信権に統合されるにいたったのです。したがって、公衆送信権は現在、放送権、有線放送権、自動公衆送信権（送信可能化権を含む）と後に述べる公に伝達する権利（☞ **Q60**）から構成されております。

Q58 自動公衆送信権、とくに送信可能化権というのがよくわからな

いのですが。

> **自動公衆送信権とは**

　自動公衆送信権にいう自動公衆送信とは、公衆送信のうち、公衆からの求めに応じ自動的に行うものをいい、放送・有線放送に該当するものは除かれます（著作2条1項9号の4）。放送・有線放送は無線・有線の違いはあれ、いずれも公衆に向けて同時に同一内容の送信を一方的に行うことを意味します（著作2条1項8号・9号の2）。これに対し、自動公衆送信は、たとえばデータベースのオンラインサービスのようにユーザーの個別の要求に応じてその者にだけ著作物を送信する場合や、インターネットのホームページを用いて公衆からの求めに応じてファイルを送信する場合などのように、いわゆるインタラクティブ送信がこれに当たります。したがって、このような方法によって著作物を送信する場合には、無線・有線のいかんを問わず、自動公衆送信権の処理が必要になります。

> **送信可能化権の必要性**

　インターネットを用いたインタラクティブ送信においては、送信行為を権利者が把握することは、おそらく困難、というより不可能に近いといえるのではないでしょうか。だれが、どこで、いつ自分の作品を送信しているかについて権利者が知ることはほとんどできないからです。したがって、自動公衆送信権を認めてもこれによって権利者を救済することにはならないのが実態です。そこでこのような場合の権利者を救う意味で設けられたのが送信可能化権です。たとえば、サーバに著作物をアップロードする場合のように、単にアップロードされているだけの状態ではまだ

第5章 著作権から派生する権利

著作物が公衆に送信されていないので自動公衆送信権を発動させることはできません。しかし、アップロードされていていつでもユーザーのアクセスによって送信可能な状態にあることは Google や Yahoo! などの検索エンジンによって権利者が容易に捕捉することができることから、このような送信可能な状態（法文では「送信可能化」という）に置かれたときに著作者の権利が及ぶものとしたのが送信可能化権です。WIPO 著作権条約（☞ Q133）がこれを認めたところから、わが国もこれを承認するにいたっています。

Q59 テレビ番組を海外に送信するサービスを提供する業者がいると聞きましたが、問題はないのでしょうか。

「ロクラクⅡ」事件と
「まねき TV」事件　　ご指摘のように、海外に赴任している駐在員や留学生の間には日本のテレビを見たいという人が急増し、これに応える形で日本のテレビ番組を海外在住者向けに転送するサービスを行う業者が誕生しました。そしてこのサービスが著作権法に違反するかが問題となりました。事件は2つありました。

1つは、「ロクラクⅡ」の名称でサービスを展開している業者に対して、NHK と民放9社がサービスの差止めと損害賠償を求めて訴えたケースです。「ロクラクⅡ」は親機と子機がセットになっている送受信装置で、業者はこれを海外にいる利用者に貸し出し、親機は業者が国内に設置してネット回線に接続、子機は海外にいる利用者が自分の手元に置いて、これをリモートコントロールして親機で録画したテレビの画像を転送するという仕組みになっていました（【図表5-2】）。そしてこの事件では複製している者はだれかが論点

となったのです。リモートコントロールとはいえ利用者がみずから子機を操作して親機に録画させ、それを転送しているだけであるととらえるならば、複製の主体は利用者ということになり、それは私的複製の範囲に属することとなりますので、著作権侵害は成立しないこととなるでしょう（☞**Q76**）。そして業者はそのような環境を提供したにすぎないので、業者も著作権侵害行為をしていないということができます。これに対し、サービスの目的、機器の設置・管理、親機と子機間の通信の管理、複製のための環境設備、業者が得ている経済的利益などを総合的に考慮すると、業者が複製の主体とみることもできます。原審では前者の考え方を採用し、業者はサービスの利用者が複製する環境を提供しているにすぎず、テレビ番組の複製をしているとはいえないとの判断を示しました。ところが最高裁はこれを覆し、「放送番組等の複製物を取得することを可能にするサービスにおいて、サービスを提供する者が、その管理、支配下において、テレビアンテナで受信した放送を複製の機能を有する機器に入力していて、当該複製機器に録画の指示がなされると放送番組の複製が自動的に行われる場合には、その録画の指示を当該サービスの利用者がするものであっても、サービス提供者はその複製の主体であると解するのが相当である。」と判示して、原審に差戻しをしています（最判平成23・1・20民集65巻1号399頁）。この判決は、サービス提供者は単に複製を容易にする環境を整備しているだけでなく、その管理・支配下において放送番組の複製の実現における枢要な行為をしており、この行為がなければ利用者が録画の指示をしても、放送番組の複製をすることはおよそ不可能であったという点に着目してサービス提供者たる業者を複製の主体と判断したもので、**Q55**で説明したカラオケ法理と同じ文脈に立った判決と

いえるでしょう。

　もう1つの事件は、利用者が購入した自動送信機器（以下、ベースステーションという）を業者が国内で預かり、それをまとめてアンテナとネット回線につないで管理し、海外にいる利用者が手元の端末機器を操作することにより、見たい番組がデータ化されてネットを通じて利用者の端末機器に転送されるという仕組み（このサービスを「まねきTV」と呼称、【図表5-3】）を開発して営業している業者に対し、NHKと民放5社が送信可能化権と公衆送信権を侵害されたとして差止めと損害賠償を請求して訴えたというケースです。「ロクラクⅡ」事件との相違は、利用者が業者から購入して自己所有となったものを使って録画したという点にあり、その点では私的使用のための複製として、とくに違法とみることはできません。そこで権利者はこのようなサービスを提供している業者の行為は送信可能化権と自動公衆送信権を侵害しているとして訴え出たのでした。原審は、本件のベースステーションはあらかじめ設定された単一の機器宛てに送信するという1対1の送信を行う機能を有するにすぎないのであるから自動公衆送信装置とはいえないとして、送信可能化権と自動公衆送信権の侵害を認めませんでした。しかし最高裁は、「公衆の用に供されている電気通信回線に接続することにより、当該装置に入力される情報を受信者からの求めに応じ自動的に送信する機能を有する装置は、これがあらかじめ設定された単一の機器宛てに送信する機能しか有しない場合であっても、当該装置を用いて行われる送信が自動公衆送信であるといえるときは、自動公衆送信装置に当たるというべきである。」とし、自動公衆送信の主体については、「当該装置が受信者からの求めに応じ情報を自動的に送信することができる状態を作り出す行為を行う者と解するのが相当で

5 公衆送信権等

あり、当該装置が公衆の用に供されている電気通信回線に接続しており、これに継続的に情報が入力されている場合には、当該装置に

【図表 5-2】ロクラクⅡ事件

ユーザが子機から親機を操作して録画。
親機で記録した番組を子機に転送

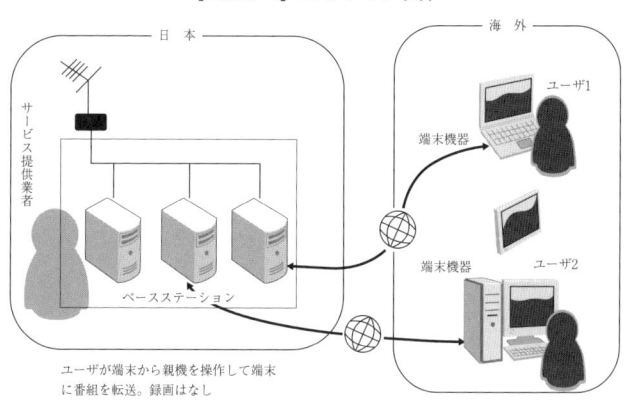

【図表 5-3】まねき TV 事件

ユーザが端末から親機を操作して端末
に番組を転送。録画はなし

＊この図はコピライト 628 号に掲載された五十嵐敦弁護士の講演録から本人の了解を得て掲載したものである。

情報を入力する者が送信の主体であると解するのが相当である。」としたうえ、本件事実関係を仔細に検討した結果、業者のサービスは送信可能化権または公衆送信権の侵害に当たると判示しています（最判平成23・1・18民集65巻1号121頁）。

以上の2件の最高裁判決からうかがえるように、テレビ番組の海外送信サービス業はいずれも違法と判断されていますので、どうしても見たいという場合は、業者の手をわずらわすことなく、利用者個人が自分で録画して転送するという方法をとるしかないでしょう。

Q60 スポーツカフェではサッカーのW杯予選やプロ野球の実況放送などを大型画面に映し出して営業していますが、著作権法上、問題になることはないのでしょうか。

著作物の公の伝達権

スポーツそのものは筋書きのないドラマといわれるように、人によって創作されたものではないために著作物となることはありませんが、放送事業者がこれを放送で流す際には、**Q33** で述べたように、撮った映像にさまざまな加工を加えて最適の画面を選び出し、それを視聴者に送り出しているので、そこに著作物性を認めることができます。この映像をスポーツカフェなどで流すことは、公衆送信される著作物を受信装置を用いて公に伝達する行為に該当しますので、公の伝達権に抵触することになります（著作23条2項）。もっとも、①営利を目的とせず、かつ、聴衆または観衆から料金を徴収しない場合には大型画面で映し出しても公の伝達権は及ばないことになっていますし（著作38条3項前段）、②営利を目的としている場合であっても通常の家庭用受信装置を用い

てするのであれば同様に、公の伝達権には触れないことになっています（著作38条3項後段）。**Q60**の場合、スポーツカフェでの伝達行為ですので営利目的で行っているとみられることになります。よって①には該当しないことになります。また大型画面を使用しているとのことですから、②にも該当しないということになりましょう。したがって**Q60**の場合、放送事業者から伝達の許諾を得る必要があると考えられます。

またかりに、この映像が著作物に該当しない場合（たとえば、固定した1台のカメラでスポーツを写し撮り、これを加工・編集することなしにそのまま放送するような場合など）であっても、放送事業者には著作隣接権の一種としてテレビジョン放送の伝達権が認められていて、**Q60**のように映像を拡大する特別の装置を用いてその放送を公に伝達する場合にこの伝達権が及ぶことになっていますので（著作100条）、いずれにせよ放送事業者の許諾を得ることが必要となります。

6 口述権

Q61 経済評論家ですが、私が有料の講演会で話した内容が私に無断でそのまま会場内で聴衆によって録音・録画されました。聞くところによるとそれを会社に持ち帰って出席できなかった会社の同僚たちにそれを見せるのだそうです。私の承諾なしに許されることでしょうか。

| 口述権とは | 著作権から派生的に生ずる権利の1つに口 |

第5章　著作権から派生する権利

述権があります（著作24条）。ここに「口述」とは、朗読その他の方法により著作物を口頭で伝達すること（実演に該当するものを除く）をいいます（著作2条1項18号）。自分が作った小説や詩を朗読したり、自分の作った原稿をもとに講演することだけではなく、自分の作った小説などを他人が朗読することも含んでいます。

　また、「口述」には著作物の口頭伝達だけではなく、それの録音・録画したものを再生することも含んでいます（著作2条7項）。したがって、**Q61**のように他人の講演や講義などを録音・録画したものを著作者に無断で公に利用することは著作権の侵害となります。なお、会場内で録音・録画する行為はそれが聴講者個人が使用するという目的であれば、私的使用のための複製ということで許されることになっていますが（☞**Q76**）、**Q61**では会社の同僚に見せるためということですので、これでは私的使用目的ではなく、営利目的とみる余地があります。そうであればあなたの許諾が必要となってきましょう。しかしその点がはっきりせず疑いがあるにとどまるという場合であるならば、講演会の開催前に、「当講演の録音・録画はお断りします」という趣旨のアナウンスをしておくことをお勧めします。聴衆はそれを了解して講演会に臨んでいるものと捉えられ、それに違反した場合には契約違反として責任の追及ができることになるからです。

Q62 有料で公開しているセミナーに参加し、その際、主催者に無断でそのすべてを録音し、会社に戻ってから、それの要約したものを社内報に載せたいと考えています。主催者あるいは講演者の許諾が必要でしょうか。なお、この社内報は外部に公表しないつもりですが。

> 口述著作物の社内での利用

講演会やセミナーでの講師の話した内容は一般に口述著作物として著作権の保護の対象となります。したがって、話の内容を録音することは私的使用の目的以外であれば複製権に抵触しますので、講師あるいは主催者から許諾を得ることが必要となります。**Q62**の趣旨からすれば、あなたは会社から派遣されてそのセミナーに参加しているように見受けられます。そうであるならば著作権法30条1項柱書きの適用はなく、許諾が必要なケースと考えられます。また録音の際には自分だけ使用するつもりであったとしても、その後、その内容を社内報に載せる行為は、複製物目的外使用（著作49条1項1号）に当たりますので、やはり複製権の処理が必要になってきます。また、**Q62**によれば、話の内容を要約したとのことですが、要約の仕方にもよりますが、一般に著作物の翻案（☞**Q69**）に当たると考えられます。私的使用のための複製の場合であれば、その翻案も自由に行うことができますが（著作43条1号）、それ以外の場合であれば、翻案の許諾をも得ておかなければなりません。このことは、著作権法49条2項1号に規定されております。同号には「二次的著作物を公衆に提示した者」と書かれており、この「公衆」には「特定かつ多数の者を含むもの」（著作2条5号）とされていますので、外部に公表しない社内報に掲載されることで「公衆に提示した」との要件を充たしたことになるからです。

7　展示権

著作権から生じる権利のひとつに展示権があります。これは美術

の著作物と未発行の写真の著作物の原作品を公に展示する場合に認められる権利です（著作25条）。原作品の展示の場合にだけ認められる権利ですので、複製品の展示については自由に行って差し支えありません。また原作品を展示する場合であっても所有者が自宅の応接間に飾るのは、多数の人に見せるのが目的ではないので、これも著作権者の許諾を必要としません。したがって、展示権が及ぶのは、原作品であって、しかも展覧会とか屋外など多くの人に見られる場所に展示する場合に限られることになります。

Q63 著名作家の文学記念館に行くと、その作家の直筆原稿や書簡を見ることができますが、なかには字の下手な作家のものがあったりして幻滅を感じることがままあります。記念館に展示して差し支えないものなのでしょうか。

原稿の展示

　文化国家を自認するわが国には文学館が非常に多く、ウエブで検索してみると、国内だけでも755館の文学館が存在しているようです。そこを訪れてみると、かならず作家本人の直筆になる原稿や書簡が展示されているのを見ることができます。そして印刷された書籍からはうかがえない作者の苦労の跡を知ることができると同時に、書かれた文字から作者の個性や人柄を推測できてなかなかに興味深いものがあります。

　ところで、このような直筆原稿の展示についての権利処理はどうなっているのでしょうか。著作者自身あるいはその相続人が展示を承諾している場合は問題ありませんが、それ以外の場合にはいささか疑念が生じてきます。わが国の著作権法は、美術の著作物と未発

行の写真著作物の原作品についてだけ展示権を認めていて、原稿用紙に書かれた文書については認めていませんので、展示権をタテに無断展示を拒むことはできませんが、さりとて著作者の手を離れた原稿の扱いに著作者がまったく関与できないというのも、はなはだ納得できないところではないでしょうか。著作者のなかには悪筆を恥じ、直筆原稿の展示を欲しない場合もあると聞いています。未公表の作品の原稿であれば公表権（☞ **Q41**）を活用するという手もありますが、文学館に展示されている作品はすでに刊行されているものが多く、それは公表済みのため公表権を行使することはできないのであって、公表権といっても万能薬というわけにはいきません。また、美術の著作物のなかに直筆原稿を含めて展示権をこれに適用しようという手もありますが、達筆な直筆原稿であればともかく、悪筆で本人も恥じるような原稿までも美術の著作物のなかに含めるというのも、解釈上、若干の無理があるように思われます。したがって、いったん著作者の手を離れて作品として刊行されたあとの直筆原稿については、所有権にもとづいて出版元に返還請求をして取り戻し、みずから破棄するしかないといえましょう。

書簡の展示

著作物性の認められるような書簡であれば、公表権（☞ **Q41**）で対処することができます。書簡は特定の相手方に向けて作成されるもので、本来公表を予定していないものですので、著作者本人の意図に反して展示される場合には公表権の侵害としてその撤去を求めることができるからです。これに反し、請求書とか、転居の通知などのように思想・感情の表現とは認められず、そのために著作物性が否定されるような書簡については、展示を拒むことはおそらくできないものと思われます。著作物性が認められ

ない以上公表権は使えないばかりか、書簡の場合はその所有権は宛名人に帰属していると考えられていますので、所有権にもとづいて対応することもできないからです。

Q64 私どもの美術館は展示を目的としてある画家から未公表の絵画を購入しましたが、売買契約書には著作権に関する事項はとくに明記されていませんでした。この場合には、展示権も譲渡を受けたことになるのでしょうか。またこの絵画を第三者に貸与した場合、この者は公共の場に展示できるのでしょうか。

美術品の所有者による
公の展示と展示権

絵画の売買は通常、物としての所有権の移転を意味するものにすぎませんから、**Q64** のように契約書で著作権の移転が明記されていない以上、著作権はいぜん画家のもとにとどまっていると考えるべきです。そして展示権は著作権から派生する権利ですから、著作権が譲渡されていなければ展示権も譲渡されていないのは当然ということになります。また公表権も著作者人格権の一種として一身専属性があり（著作59条）、譲渡されないのはいうまでもありません。それでは、画家は、絵画を売却しながらも、それを買った美術館が展示しようとするときに、展示権や公表権をタテに拒むことができるでしょうか。答えは否です。画家が美術著作物の原作品の所有権を譲渡する際には、譲受人がそれを公に展示するであろうことは当然予想されるところです。まして譲受人が **Q64** のように美術館の場合はなおさらです。またかりに、絵画の譲受人が画家から展示の許諾を受けたとしても、公表の同意が得られないかぎり展示という方法で公表できない、というのでは、展示

の許諾を受けた意味がないだけでなく、そもそも絵画を譲り受けた意味もないということになりましょう。そこで、法は、著作者が未公表の美術の著作物または写真の著作物の原作品を譲渡した場合には、著作者は展示という方法で公衆に提示することに同意を与えたものと推定する旨の規定を置き、譲受人が公の場に展示できることを承認しています（著作18条2項2号）。

とはいえ、この規定によって展示が許されるのは絵画を譲り受けた所有者であることは間違いないものの、この所有者から貸与を受けた第三者による展示まで含まれるのかについては必ずしも明らかではありません。しかし、法は、美術の著作物の「所有者又はその同意を得た者は、これらの著作物をその原作品により公に展示することができる。」と明記していますので（著作45条1項）、賃借人も所有者の同意があれば公の場で展示することが可能であるということになりましょう。

8 頒布権・譲渡権・貸与権

Q65 頒布権は譲渡権と貸与権とが一緒になった権利だと思うのですが、なぜ頒布権は映画著作物にだけ認められ、譲渡権と貸与権はばらばらにされて映画以外の著作物に認めているのですか。結局はすべての著作物に頒布権が認められたということになるのではないですか。

頒布権が映画著作物に認められた理由

「頒布」の定義について法は、「有償である

か又は無償であるかを問わず、複製物を公衆に譲渡し、又は貸与すること」をいう（著作2条1項19号）と規定しているところからすると、たしかに頒布権は譲渡権と貸与権が一緒になった権利であるということになります。そして譲渡権と貸与権はともに映画以外の著作物に認められているのですから（著作26条の2、26条の3）、すべての著作物に頒布権が認められるとすればよかったのにと考えるのは当然です。

現行法の立法当時、諸外国ではおしなべてすべての著作物に頒布権を認めるという形をとっていたので、わが国においてもこれと軌を一にすべきだとの意見があったようです。ところが、わが国には以前から古本屋や貸本屋という職業があり、これらは合法的な職業としてだれしも疑いを抱かなかったわけですが、もしもすべての著作物に頒布権が認められるとすると、古本屋の場合には本を売り買いするたびごとに、また貸本屋の場合には本を貸し出すたびごとに著作者の許諾を受けなければならないことになり、混乱が生ずるばかりでなく、零細なこれらの店を潰してしまうおそれすらあります。そこで、頒布権をすべての著作物に認めることは諦めたのですが、ただ映画著作物についてだけは認めて欲しいとの映画業界からの強い申入れがあって、これだけは例外的に認めることとし、昭和45（1970）年の現行著作権法の制定ということになったのです。

映画著作物にだけ頒布権が認められた理由は次の2つです。その1は、映画の流通形態が書籍や音楽CDなどの場合と異なっているからです。書籍やCDなどの場合はメーカーから取次店、小売店という経路をたどってユーザーの手元に届きますが、映画の場合は配給と呼ばれる独自の流通形態がとられています。これはあらかじめ全国を地域別にいくつかのブロックに分けておき、映画が製作され

ると何本かの複製物（プリント）が作られ、この複製物がこれらブロックの拠点都市に1本ずつ譲渡または貸与されて一定期間封切上映され（譲渡の場合は期限付き譲渡の形をとる）、それが終わると次の都市に回されて上映されるという仕方でブロック内を転々一巡するという形態をとるものでした。このような特殊な流通形態から、現行法の立法当初、映画製作者側は著作権から派生する権利のひとつとして頒布権を認めるべきことを強く主張したのです。つまり、複製物の譲渡や貸与のたびごとに権利者の頒布権が働き、許諾料収入が図れるように期待したわけです。

その2は、著作権から派生する権利のひとつに上映権が認められてはいるものの、ひそかに行われる上映の有無やその回数を権利者がチェックしてそれに規制を加えることは現実には困難なことです。しかし、フィルムの譲渡や貸与は外部から容易に把握できるので、規制の網をかぶせやすいという考えもあったようです。

貸与権、譲渡権の承認のいきさつ

このようにして、現行法の立法時には頒布権は映画著作物にのみ認められ、その他の著作物には頒布権はもとより、譲渡権も貸与権も認められていませんでした。しかし、近年における機械技術の進歩に伴い、従来存在しなかったレンタルCDをはじめとする複製物のレンタル業が登場し、著作者の経済的利益に大きな影響を与えるようになりました。そこで著作者を保護するための措置として、昭和59（1984）年の著作権法改正によって新たに映画以外の著作物に貸与権が認められたのです。映画著作物が除外されているのはすでにより広い権利として頒布権が認められていたからです。また譲渡権については、1996年に世界知的所有権機関（WIPO）の外交会議においてWIPO著作権条約（☞**Q133**）が採

択され、同条約のなかに頒布権の保護がうたわれているところから、わが国においても映画以外の著作物に頒布権と同様の保護が与えられる必要が生じ、その結果、欠けていた譲渡権が映画以外の著作物に認められることになったのです。これは平成 11（1999）年の著作権法の一部改正によって実現しています。

では、映画著作物に認められている頒布権と映画以外の著作物に認められた譲渡権プラス貸与権とは同じものになったのかというと、そうではありません。映画以外の著作物に認められている譲渡権には、後述のように（☞ **Q66**）第一譲渡後に消尽する権利として認められているのに対し、映画著作物に認められている頒布権は第一譲渡後も消尽しない権利として構成されているからです。このような相違がありますので注意が肝要です。

Q66 手持ちの音楽 CD がかなりの量になったので、これを一括して売却したいと考えております。CD のなかには、東南アジアに旅行中に私が買った、日本のレコード会社から許諾を受けて現地で適法に製造・販売されている日本の楽曲のものも含まれておりますが、著作権法上問題となることはありませんか。

譲渡権のはたらき

譲渡権は、平成 11（1999）年の法改正により、著作権から派生的に生ずる権利のひとつとして認められております（著作 26 条の 2）。この権利は、映画著作物以外の著作物につき、著作物の原作品またはその複製物を譲渡する場合に著作権者の許諾を必要とするというものです。たとえば、A の作った著作物につき、B がこれを無断で複製して C に譲渡してしまった場合には、B は

Aの複製権と譲渡権を侵害したことになります。また、BがAから複製の許諾のみを受けて複製した物をCに譲渡した場合には、BはAの譲渡権を侵害したことになり、Aは譲渡の差止めを請求できるだけでなく、損害賠償を請求することもできます。ただ、AがBに対して複製の許諾を与える際にBによって複製物が頒布されることが予想されるような状況にあった場合（たとえば、出版社に対して複製の許諾を与えた場合などがこれに当たります。出版社は著作物を複製しこれを頒布するのが仕事ですから、Aとしては当然このことを了解して許諾を与えたものとみるのが自然だからです）には、譲渡の許諾があったものと推定されることが多いものと考えられます。これに反し、複製の許諾のなかに譲渡の許諾が含まれていることが推測されない場合（たとえば、知人に配布するために少部数の複製を許諾したところ、これを取引に置いた場合など）や、複製の許諾も譲渡の許諾もないが、複製については適法であると認められる場合（たとえば、著作権法30条の範囲内で法によって複製が自由であるとされている複製物を取引に置いた場合など）は、譲渡権の侵害を主張することができます。

> 第一譲渡後の譲渡権の消尽

ところで、とりわけ書籍などの場合に多くみられるところですが、購入者がそれを読んだあとに古書店に売却し、古書店がそれをさらに転売するという場合があります。このような転売のたびごとに権利者から譲渡の許諾を得なければならないとすると、取引の円滑ははなはだしく阻害されることになります。また著作権者の側としても、自分の許諾を得ていったん取引に置かれた複製物がその後転々譲渡されるであろうことは当然予想されていたことで、それを承知のうえで最初の譲渡の許諾を与えたものと

考えるのが妥当だと思われます。そこで譲渡権（または頒布権）を認めている他の国では例外なく、譲渡権は複製物の最初の譲渡の場合にだけ及び、それ以降の譲渡には及ばないものとしています。これを「第一譲渡後の消尽」といいます。わが国もこの例にならい、第一譲渡後に譲渡権は消尽するものとしていますので、書籍やCDの購入者が中古販売業者にこれを売却しても譲渡権が及ばず、自由に行うことができることとなっています。

国際消尽か国内消尽か

問題なのは、譲渡権について第一譲渡後の消尽を認めたとき、第一譲渡が国外で適法に行われた場合にも適用される（これを国際消尽といいます）ものなのか、あるいは国内において行われた場合にだけ適用される（これを国内消尽といいます）ものなのか、という点です。たとえば、日本の著作物が国外で権利者によって複製・譲渡の許諾が与えられ、その結果、複製されて販売された（したがって、国外で第一譲渡が行われている）複製物が日本に輸入された場合に、国内消尽の考え方に立てば、まだ日本国内では第一譲渡がなされていないので、権利者は譲渡権を行使できることになりますが、国際消尽の考え方に立てば、すでに第一譲渡が行われているので譲渡権は行使できないこととなります。わが国はこのうち国際消尽の考え方を採用し、国外において譲渡の許諾を受けたなど適法に譲渡された著作物の原作品または複製物について、譲渡権は行使できない旨を明らかにしています（著作26条の2第2項5号）。

Q66 の場合、あなたの手持ちの音楽CDがすべて市販のものであれば、国内で購入したものはもちろんのこと、国外で購入されたものも、譲渡権が消尽していますので、著作権者の許諾を得ることな

く自由に販売することができることになります。

> レコードの国内還流措置との関係

ただここで注意しなければならない点が1つあります。**Q66**によれば、あなたが国外で購入したCDのなかに日本のレコード会社から許諾を受けて現地で適法に製造・販売されているレコードも含まれているとのことですから、わが国がとっている商業用レコードの国内還流措置との関係が問題になってくることでしょう。

わが国のレコード会社は物価の安い国で販路を拡張するために許諾料を低くして海外の業者に複製・頒布を認めているのが一般です。最近、その安い価格で海外で販売されたレコードを日本人が購入して日本国内に持ち込み（これをレコードの国内還流といいます）、それを国内で廉価で販売するという現象が現れ、国内の正規で販売している業者との間でトラブルが生じるようになってきました。とくに前述の国際消尽の考え方が採用されたことで、よりいっそう拍車がかけられたといっていいようです。そこで、このようなレコードの国内還流に歯止めをかける目的で、平成16（2004）年の法改正によって、専ら国外で頒布されることを目的として著作権者・著作隣接権者が国外で自ら発行し、または許諾契約によって他の者に発行させている場合において、国外頒布用であることを知りながら、これを国内で頒布する目的で輸入する行為、または頒布する行為、さらには頒布目的で所持する行為は、そのレコードが国内で頒布されることによって国内頒布目的レコードの売上が減少し、著作権者・著作隣接権者の利益が不当に害されることとなる場合に限り、著作権・著作隣接権を侵害する行為とみなされることとなりました（著作113条1項本文）。そしてこれには刑事罰の適用が認められており

第5章 著作権から派生する権利

ますので(著作119条2項3号)、注意が肝要です。

Q67 市販のゲームソフトを購入して自宅のパソコンで夢中になって取り組み、これをクリアしたのでもう必要ありません。これを売却し売ったお金で次のソフトを買いたいのですが、差し支えないでしょうか。

> ゲームソフトは映画著作物か

かつてゲームソフトが映画著作物に当たるかどうかが争われたケースがあります。ご承知のように、映画は、フィルムに固定されている映像の連続をスクリーン上に描出し、視聴者はただこれを見聞きするだけで、映像の動きに参加して画面構成を変更することはできないという性質をもっていますが、ゲームソフトは、視聴者であるプレイヤーがゲーム機を操作することにより映像をコントロールすることができるという性質があり、両者はかなり異なっています。しかし、見方を変えますと、ゲームソフトは音楽または効果音を伴ったストーリーが特定のキャラクターによって展開され、それが映像という表現手段で受像機の上に描出されるもので、その限りでは映画に酷似しています。のみならず、映像をプレイヤーがコントロールできるとはいうものの、それはゲームソフト創作者のあらかじめ設定した範囲ならびに条件のもとでの行動の選択にすぎないものであって、ストーリーやキャラクターなどの本質的な部分についてゲームソフト創作者の想定を超えた変更を加えることは不可能です。その意味では映画とは性格を異にするものではないと考えることができます。判例はこのような観点に立ってゲームソフトを映画著作物として認めるにいたっております(最

8 頒布権・譲渡権・貸与権

判平成 14・4・25 民集 56 巻 4 号 808 頁)。

中古ソフトと頒布権　ゲームソフトが映画著作物に当たるとするとき、消尽しない頒布権がゲームソフトに認められるかが問題となります。上記の最高裁判決は、著作権法 26 条の頒布権につき、「消尽するか否かについて何らの定めもしていない以上、消尽の有無は、専ら解釈に委ねられていると解される」としたうえで、配給という流通形態をとる劇場用映画については消尽しないものの、複製物が大量に作成されて市場を通じて流通されるゲームソフトについては消尽するとの判断を示しています。この最高裁判決は映画以外の著作物につき第一譲渡後に譲渡権が消尽する旨を定めた 26 条の 2 の規定（☞**Q66**）が新設される以前のものであるだけに、いささか疑問の余地がある判決といえますが、それはともかく **Q67** の場合には、頒布権は消尽していますので、あなたの転売について権利者からとやかく言われる心配はありません。

Q68 CD レンタル業を始めたいと思っていますが、レンタルの際に著作権者の許諾がなければいけないと聞きました。許諾を受けるのは面倒なので、たとえば CD を 1000 円で売ったことにし、翌日それを 700 円で買い戻すという契約の形態にすれば、レンタルではないので著作権者の許諾は不要と考えたのですが、ダメでしょうか。

貸与権と脱法行為　たしかに貸与という形態をとらなければ貸与権に抵触することはないように考えられます。しかし、これを許

していたのでは貸与権は空文にひとしいものとなってしまいます。そこでこのような脱法行為を防止する趣旨から、法は、「この法律にいう『貸与』には、いずれの名義又は方法をもってするかを問わず、これと同様の使用の権原を生じさせる行為を含むものとする。」（著作2条8項）という規定を置いて対処しています。したがって、**Q68** のように、いったん売却しながら数日後に一定の買戻し料（実質的にはレンタル料）を差し引いて買い戻すという形態をとる場合とか、会員組織にしてレコードを共同購入したという形をとり、会員はレンタル料金程度の会費を主催者である貸レコード店に支払うという形態をとる場合などのように、貸与と経済的に同様の効果を果たす行為は、いずれも「貸与」に該当するものとして、著作者の貸与権が及ぶことになりますので注意が肝要です。

9　翻訳権・翻案権等

　著作物を原作のまま利用するのではなく、それに手を加えて利用する場合があります。翻訳、編曲、翻案などがこれに当たります。このような場合にも、原作者の著作権が及ぶものと考えなければなりません。そこで著作権法27条は、「著作者は、その著作物を翻訳し、編曲し、若しくは変形し、又は脚色し、映画化し、その他翻案する権利を専有する。」と規定して、その点を明らかにしています。

> **Q69** 私はかつて日本の戦国時代を背景に架空の武将を主人公にした雄大な物語を心血を注いで書き上げて、これを出版しました。自分では自信作であったのですが、残念ながらあまり売れなかったようです。ところが、先日偶然見た映画は現代劇にはなっ

ていますが、私の作品とかなり似通っているように思います。これって翻案権の侵害ではないでしょうか。

翻案とは

翻案とは、狭い意味では外国の小説を日本に舞台を移し変えてドラマ化したり、古典を現代語訳したりなど、小説や戯曲など既存の著作物を使用し、その大筋を生かしながら細かな点で趣向を変えることをいいますが、広義では、改作のうち翻訳を除く、編曲、変形、脚色、映画化、狭義の翻案すべてを含むと考えて差し支えないものと考えます。少なくとも著作権法27条の翻案権のなかにはこれらがすべて含まれるとみてよいでしょう。

Q69 にみられるように翻案は映画においてよくみられるようです。有名な例としては、黒澤明監督の「蜘蛛の巣城」はシェークスピアの「マクベス」の、また「乱」は「リア王」の翻案であり、また「天国と地獄」はエド・マクベインの「キングの身代金」の翻案であることはよく知られているところです。一方、黒澤監督の作品も外国でリメークされており、「七人の侍」は米画「荒野の七人」に、また「用心棒」は米画の「ラストマン・スタンディング」とイタリア映画の「荒野の用心棒」などが代表的な例といえましょう。

翻案権の侵害か否かの判断

後行の乙作品が先行の甲作品の翻案に当たるということになれば、乙を利用する際には事前に甲の著作者から翻案の許諾を受けなければならず、もし無断で利用すれば翻案権の侵害として問責の対象となることはいうまでもありません。問題は、乙が甲の翻案であるか否かをどうやって判断するかです。この点判例は、著作権法27条にいう「翻案とは、既存の著作物に依拠し、

かつ、その表現上の本質的な特徴の同一性を維持しつつ、具体的表現に修正、増減、変更等を加えて、新たに思想又は感情を創作的に表現することにより、これに接する者が既存の著作物の本質的な特徴を直接感得することのできる別の著作物を創作する行為をいう。……既存の著作物に依拠して創作された著作物が、思想、感情若しくはアイデア、事実若しくは事件など表現それ自体でない部分又は表現上の創作性がない部分において、既存の著作物と同一性を有する場合には、翻案には当たらないと解するのを相当とする。」(最判平成13・6・28民集55巻4号837頁)と述べています。要は、①乙作品は甲作品の存在を知り、それに依拠して作られたものであるか否か、②乙作品から甲作品の本質的な特徴を直接感得できるか否か、の2点で判断すべきだということになると思われます。歴史上の物語においては、たとえば織田信長とか豊臣秀吉などのようにそのキャラクターや行動パターンに一定のスタイルがあるため、似てくるのは当然としても、Q69 のように、架空の武将を主人公にする場合にはキャラクターや行動パターンにあなたが考えた独自のものがあるはずで、それが他人の作った映画のなかから推知できるのであれば、そしてその映画の作られた時期があなたの本の出版後であるならば、あなたの作品を翻案したものと疑ってよいのではないかと思われます。

コラム 5 追及権

美術の著作物の場合において、画家が若くて無名の頃に画商などに廉価で手放した絵画が、その画家が著名になって高価に取引されるようになったときに、その取引に画家が関与でき、分け前をもら

うことができるとするならば、画家としては大変助かることかと思われます。このことを明記して著作者に権利を与えた国があります。それはドイツです。同国の著作権法には、美術の著作物の原作品が譲渡され、これに美術商が関与している場合、譲渡人は著作者に対し譲渡による収得金の100分の5に相当する配当を支払わなければならないとの規定が置かれており、この著作者の権利を追及権と呼んでおります。これによれば、オークションなどで転売されるたびごとに画家の追及権が及ぶことになります。著作者の保護に厚いドイツならではの制度といえましょう。残念ながら、わが国の著作権法にはこのような規定は置かれておりませんので、画家の手を離れた原作品の処遇について、画家自身が関与する余地はありません。

第6章

著作権の保護期間

　財産権のなかでももっとも代表的な権利は所有権です。この所有権は永久に存続する権利といわれております。したがって、たとえば、Aが土地を所有しているとすると、その土地が空き地のまま放置されていようとAに所有権があり、Aが死亡したとしてもその相続人に受け継がれて永久に存続することになります。Bに譲渡したとしてもBのもとで所有権は存続するのです。ところが、財産権の一種である著作権は保護期間というものがあり、一定期間経過後は消滅してしまいます。そしてそれ以後は、だれでもタダで自由に使うことができるようになるのです。なぜ、そうなのでしょう。

第6章　著作権の保護期間

1　保護期間の原則

Q70 わが社では、明治から昭和までのすぐれた文芸作品を電子書籍化し、配信しようと考えています。著作権法上考慮すべき点を教えてください。

> 保護期間の設定

　著作権が発生すると、著作者は著作物の独占的利用が認められますが、それが無期限に認められるかというと、決してそうではありません。本人が意識しているか否かはさておき、著作者が著作物を作成するにあたっては必ず先人の文化遺産を摂取し、これをベースにしているはずです。そうであるならば、新たに作成された著作物も一定の期間は創作した人に対するご褒美として権利を与え、その独占的利用を認めてあげる必要がありますが、その期間経過後はすべての人に開放して、後世の人々が先人の文化遺産のひとつとして自由に利用できるようにしてあげなければなりません。そうすることが人類の文化の発展に寄与することになるはずです。このような観点から、著作権には保護期間が定められ、それが経過したとき著作権は消滅し、以後はだれでもタダで自由に利用できるものとされています。

> 創作時より死後50年まで

　それでは、保護期間を何年とすべきでしょうか。これは非常に難しい問題です。あまりにも短い期間を設定しますと、著作者は創作に投じた費用などの回収を果たさないうちに期間切れとなってしまい、これによって次回作の創作意欲が減退するということにでもなれば、わが国の文化の衰退を招く結果ともな

りかねません。また長い期間を設定すれば著作者は喜ぶでしょうが、後世の人々による自由な利用期間が狭まり、これまた文化の発展という点からみれば好ましい現象とはいえないように思われます。著作者側の利益を尊重し、かつ自由に利用したいという後世の人々の利益の調和点をどこに求めるのかが立法のポイントとなっています。

　ところで、この点について、著作権の国際的保護を目的とするベルヌ条約では、1948年のブラッセル改正条約以後、著作者の死後50年に満たない保護期間を認めないことにしたため、多くの国は保護期間を著作者の死後50年までとしており、わが国もこれにならっております（著作51条2項）。ところが、ドイツでは死後70年としており、これに歩調を合わせる形でEU加盟国では70年とするにいたっています。また米国も最近死後70年としましたので、いずれはわが国もこれにならう可能性が出てきたといえましょう。

　いうまでもないことですが、保護期間が死後50年といっても、それは著作者の死亡時から発生するのではありません。（☞**Q5**）で述べたように、著作権は創作の時点で発生しますから（著作51条1項）、創作時から始まって、著作者の生存期間、それに加えてさらに死後50年まで存続するということです（**【図表6-1】**上図参照）。したがって、ある人が20歳の時に著作物を創作し、80歳で死亡したとすると、その著作物の著作権は創作時から110年間存続することになります。なお、保護期間の計算については、死亡した日の属する年の翌年から起算されます（著作57条）。たとえば、2012年10月3日に死亡した著作者の著作物については、その保護期間は創作時から始まり、2013年1月1日からマル50年後の2062年12月31日までということになります。これは次に述べる公表時起算主義の場合も同様です。

第6章 著作権の保護期間

公表時起算による例外

死亡時を基準に保護期間を算定することができない著作物もあります。無名または変名の著作物と団体名義の著作物がそれです。この場合にはやむをえないので公表時を基準として保護期間を算定することにしています（著作52条、【図表6-1】下図参照）。

【図表6-1】 斜線が保護期間

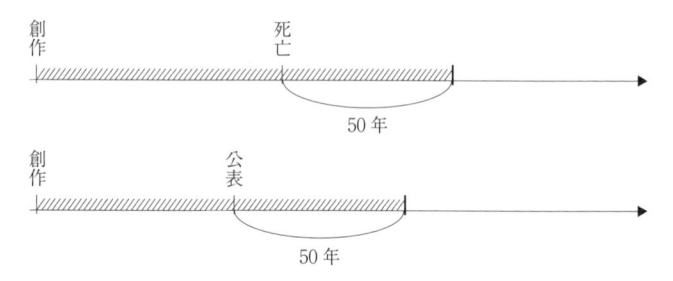

創作 ―――――――― 死亡 ―――――― ＞
　　　　　　　　　　　　50年

創作 ―――――――― 公表 ―――――― ＞
　　　　　　　　　　　　50年

Q70の場合

以上の説明でお分かりのように、著作者の死亡後（例外の場合は公表後）50年を経過した著作物については自由に使用することができます。それ以外の著作物については電子書籍化のために必要な複製の許諾と公衆送信（送信可能化を含む）の許諾を権利者から受けなければなりません。幸い日本文芸家協会が多くの作家などから著作権の管理委託を受けておりますので、ここに問い合わせれば案外簡単に権利処理ができるかもしれません。なお、電子書籍化する場合には、保護期間が経過している著作物であるか否かにかかわりなく、原文のまま使用すべきであって、勝手に

常用漢字に直したり、旧かなづかいを改めたりすることは同一性保持権の侵害と判断される場合がありますので注意が肝要です（☞ **Q49**）。

> **Q71** 日本以外の国が関与した場合、どこの国の著作権法が適用になるのでしょうか。たとえば、日本の著作権法では死後50年までですが、米国の著作権法では死後70年であると聞いています。米国人の著作物を著作者の死後50年経過後に、許諾なしに日本で利用することができるでしょうか。

保護期間の相互主義　　日本と米国はいずれもベルヌ条約に加盟しております。そして同条約は、原則として加盟国相互間において内外人の保護の扱いに差別をしないことを要求しています。ご指摘のとおり、日本では著作権の保護期間は著作権の死後50年までですから、米国人の保護も日本国内においては死後50年で打ち切りとなります。したがって、死後50年経過した米国人の著作物は日本国内では許諾なしに利用することができます（ただし、**Q74** の例外があります）。これと同様に、逆のケースで日本の著作物は米国内では死後70年ではなく50年で保護が終了となりますので注意が肝要です（著作58条）。米国人が日本では50年しか保護されないのに、米国内で日本人の著作物を70年保護することは不均衡となるからです。

2　映画著作物の例外

Q72 名作といわれた「ローマの休日」、「シェーン」、小津監督の「東京物語」の DVD が格安で売られていますが、著作権法上問題ないのですか。

> 映画の著作物の保護期間

映画は監督、カメラマンなど多くの者が関与して作られる著作物なので、死亡時を基準として保護期間を算定することは困難です。そこで公表時起算主義がとられています。ただ映画の保護期間については当初、**Q70** で述べた「公表時起算による例外」と同様、映画についても公表後 50 年となっていましたが、わが国の映画、アニメ、ゲームソフトなどが海外で高く評価され、今後も産業としての成長や国際的な事業展開が期待されること、さらには主要国における保護期間が延長される傾向にあることなどを考慮し、平成 15（2003）年の法改正によって、映画だけは公表後 70 年に延長されています（著作 54 条 1 項）。

> 「ローマの休日」事件

この改正法は平成 15（2003）年 1 月 1 日から施行されておりますが、昭和 28（1953）年に公表された映画について保護期間が経過されたとみるか否かについて激しく争われたことがあります。昭和 28（1953）年はまさに映画の黄金期で、すぐれた映画が次々と公表されています。たとえば、洋画では「ローマの休日」のほかに、「第 17 捕虜収容所」、「シェーン」、「地上より永遠に」、「恐怖の報酬」、「ライムライト」、「紳士は金髪がお好き」、日本映画では、「東京物語」のほかに、「地獄の門」、「雨月物語」など

2 映画著作物の例外

映画ファン垂涎の的となる名作が多いのがこの年の特徴です。

このうち「ローマの休日」と「第17捕虜収容所」の著作権をもっていた米国の映画会社が、DVDの正規商品4179円（税込み）のところ500〜2000円の廉価版で発売している会社に対し著作権侵害を理由に製造頒布の差止めの仮処分を求めたことで、紛争が公になりました。この事件では、米国の映画会社が平成16（2004）年1月1日施行の改正著作権法によって平成15（2003）年末まで保護期間のあった映画はさらに20年延長されたと主張したのに対し、廉価版の販売会社は改正法の施行によって本件映画の著作権が消滅していると主張して、意見が真っ向から対立したというものです。

問題点

Q70で述べたように、昭和28（1953）年に公表された映画の保護期間の計算については、公表された日の属する年の翌年である昭和29（1954）年から起算し（著作57条）、50年後の平成15（2003）年12月31日をもって終了することになります。ところが、70年に保護期間を延長する改正著作権法が平成16（2004）年1月1日から施行されたため、保護期間を「時間」をもって表現すれば平成15（2003）年12月31日午後12時までとなり、これは平成16（2004）年1月1日午前零時と同じで重なり合うところから、前記「ローマの休日」などの映画は保護期間が延長されて70年になったとする解釈が可能です。

米国映画製作会社の主張がこれです。文化庁の公式見解もこの立場をとっていました。

これに対し、保護期間の満了を「日」をもって計算するならば、平成15（2003）年12月31日で保護期間が終了し、平成16（2004）年1月1日以降は70年に延長されることなく終わることになりま

す。廉価版の販売会社の主張がこれです。

そこで問題は保護期間の終了を「時間」でとらえるか、「日」でとらえるか、についてでした。民法138条は、法令などに特別の定めがある場合を除き、民法の規定に従う旨の規定を置いており、著作権法には特段の定めはないところから、著作権の保護期間の算定にあたっては民法の「期間の計算」の規定によって処理しなければならないことになります。これによるときは、年によって期間を定めたときは暦に従って計算することになり（民140条）、その末日の終了をもって満了する（民141条）ので、本件の保護期間は平成15（2003）年12月31日をもって終了し、平成16（2004）年1月1日には著作権は消滅していると解さなければなりません。

ところで、平成15（2003）年の改正法は附則2条において、「改正後の著作権法（次条において『新法』という。）第54条1項の規定は、この法律の施行の際現に改正前の著作権法による著作権が存する映画の著作物について適用し、この法律の施行の際現に改正前の著作権法による著作権が消滅している映画の著作物については、なお従前の例による。」と規定し、さらに附則1条が、「この法律は、平成16年1月1日から施行する。」と規定しているところから、改正法「施行の際」、つまり平成16（2004）年1月1日に著作権が存在する著作物についてのみ保護期間の延長が許されることは明らかです。ところが、本件著作物はその当日著作権がすでに消滅しているのですから、延長の特例は認められないといわなければなりません。最高裁もこの理を認め、「ローマの休日」などの作品につき保護期間の消滅を明らかにしております（最判平成19・12・18民集61巻9号3460頁）。したがって、これらの作品については許諾料の支払いが免れておりますので、かなり安く販売されているのも当然と

2 映画著作物の例外

Q73 チャップリンの製作した映画にはすべて「製作・監督・脚本・音楽：チャールズ・チャップリン」という表示が付けられていますが、「黄金狂時代」「ライムライト」などの傑作はもう著作権が消滅していると考えていいでしょうか。

旧法時代の映画の保護期間

　チャップリンは生存中、たくさんの作品を発表しましたが、最後の作品は昭和27（1952）年に公表された「ライムライト」です。現在の著作権法は昭和46（1971）年から施行されており、かりにこれを新法と呼ぶとすれば、彼の作品はすべてわが国においては旧法時代に公表されたものということになります。

　それでは、旧法において映画の著作権の保護期間はどうだったでしょうか。旧法においては映画の著作権の保護期間について、これを独創性を有するものとそうでないものとに分け、前者については、原則として著作者の死後30年としながらも、団体の著作名義のものについては発行または興行のときより30年とし、後者については、10年間としていました。当時、独創性を有すると考えられていたものは劇映画であって、独創性を有しないと考えられていたのはニュース映画でした。ニュース映画は現実に生起する事件をそのままフィルムに映し出すにすぎないもので、カメラマンの創作性の介入する余地はないか、あるいは限りなく乏しいものと考えられていたからです。しかし、ニュース映画といえども編集者の意図ひとつで見る人にまったく違ったものとして印象付けることができるのですから、創作性を排除することはできず、この点、立法者に誤解

があったものということができます（☞ **Q33**）。

ところで、戦後間もない昭和23（1948）年、著作権の保護のためのベルヌ条約がブラッセルにおいて改正され、著作権の保護期間を最低著作者の死後50年とすることを決めたため、同条約の加盟国はこれにならって国内法の改正をはじめました。わが国においても同様の動きがあり、昭和37（1962）年より開始された著作権法の全面改正作業においても死後50年とすることが改正の目玉のひとつになったのです。しかし、ほかの改正点の審議が予想外に手間取ったため、その間の暫定措置として保護期間の延長が度々図られております。すなわち、昭和37（1962）の改正で3年、昭和40（1965）年の改正で2年、昭和42（1967）年の改正で2年、昭和44（1969）年の改正で1年と、計8年の延長が行われており、新法制定直前には死後38年となって、新法に引き継がれることになったのです。

| 新法における映画の保護期間 |

新法（前掲昭和46（1971）年施行の著作権法）においては、条約に即した形で著作者の死後50年としましたが、映画については多くの者が関与して創作されるところから、死後ではなく、公表後50年としました。ところがこれが平成15（2003）年の法改正により、公表後70年に延長されております。これは、わが国の映画、アニメ、ゲームソフトなどの映像部分が海外で高く評価され、今後も産業としての成長や国際的な事業展開が期待されることや、さらには主要国における保護期間の延長の動向などを考慮したものです。

ところで、旧法下に創作された著作物については、新旧2法のいずれの保護期間が適用されるかが問題となります。この点について新法は、①新法施行の際に旧法による著作権の全部が消滅している

2 映画著作物の例外

著作物については、新法の著作権に関する規定の適用はないこと（附則2条1項）、②新法施行の前に公表された著作物の著作権の保護期間については、その著作物の旧法による保護期間が新法の定めるそれより長いときは、従前の例による（附則7条）、と規定して調整を図っています。

> チャップリンの作品の場合

　　　　　　以上を踏まえてチャップリンの作品の保護期間について考えてみましょう。冒頭で述べたように、チャップリンの作品はすべて旧法時代に公表されたものばかりです。したがって、これらの作品が映画会社などの団体の著作名義で公表されたものであるならば、チャップリンの初期の作品（たとえば、大正8（1919）年公表の「サニーサイド」、大正14（1925）年公表の「黄金狂時代」など）は新法施行時に公表後38年を経過しているので著作権は消滅していることになります（前述①参照）。ところがご指摘のように、チャップリンの作品はそのすべてにつき「製作・監督・脚本・音楽：チャールズ・チャップリン」という表示が付けられているところから、チャップリンは著作者本人であると解さなければなりません。そうなると、保護期間の算定については公表時起算主義によるのではなく、死亡時起算主義によらなければいけないことになります。してみれば、チャップリンは昭和52（1977）年に死亡していますので、旧法の規定どおり死後38年までということになれば平成27（2015）年12月31日まで存続するということになります。このことは、新法施行時にはチャップリンの保護期間が切れていなかったということを意味しますので、前述の①が適用されず、新法によって保護されることになります。

　ところが、厄介なことに、新法では映画著作物について保護期間

の算定方法を従来の死亡時起算主義の原則を公表時起算主義に改めました。したがって、チャップリンの作品についても新法下においては公表時起算によって計算し直さなければなりません。「黄金狂時代」は公表が1925年ですから、新法によれば70年後の2000年までということになりますが、前述の②により、旧法の期間が適用されて2015年まで保護されることになります。また「ライムライト」は1952年の公表ですから新法の適用により70年後の2022年まで保護されることになりますので注意が肝要です。

3　戦時加算

Q74 聞くところによれば、米国の著作者が第二次大戦中に取得した著作権については保護期間が特別に延長されているとのことですが、本当でしょうか。

戦時加算の特例　　米国の著作者についても、日本人の場合と同様、保護期間は著作者の生存期間プラス死後50年というのが原則です。ただここに例外がひとつあります。それは、第二次大戦中、連合国に所属していた国民が戦時中にもっていた、または戦時中に取得した著作権については前述の保護期間にさらに一定の期間がプラスされるということです。

その期間とは、わが国が連合国と戦闘に入った昭和16（1941）年12月8日から対日講和条約の発効の日の前日までの期間（たとえば、米、英、仏、加、豪については3794日）です。この期間、日本は連合国の著作物を敵国のものとしてまったく保護していなかったはず

ですから、この期間を本来の保護期間に加えて保護すべきものであるとして、講和条約のなかに盛り込まれたものです。しかし、考えてみますと、わが国の著作物についてもこれら連合国では敵国のものとして保護していなかったはずですから、お互いさまといえるわけで、わが国の著作物についても同様の加算が認められてよいはずです。でも、そうなってはいません。わが国は敗戦国としてこれを受け入れざるをえなかったとはいえ、これは明らかに不平等な内容であり、戦後70年近くを経過した現在、政府は一刻も速やかにこの点の是正に努めるべきものと考えます。

第7章

著作権の制限

　著作権の保護期間内であれば、その作品を利用したいと考えるヒトは権利者の許諾を得なければならないのが原則です。しかしこれには例外があります。法の定める一定の場合には、たとえ保護期間内であっても権利者に無断で利用できるとされているからです。なぜこのような例外を定めているのか、そして例外とされているのはどのような場合なのでしょうか。

第7章 著作権の制限

1 保護期間内における著作権の制限

Q75 著作権は保護期間内であってもなお一定の制限が課せられているとのことですが、本当ですか、その理由と制限の仕組みについて教えてください。

制限の理由

　著作物はそれを作成した人の財産であることは間違いありませんが、見方を変えると、国民共通の文化財産としての一面をもっているともいえます。わが国の風土や伝統に根ざして作られた作品であるだけに、国民のだれもがその作品から知恵を授かり、美的感興を享受したいという欲望を抱いているといっても過言ではありません。もちろん、作品を作った著作者に敬意を払い、その人の不利益になってはいけませんが、著作者の経済的利益を損なわないかぎりでの一般人による自由利用を認めたほうが、わが国の文化の発展に大きく貢献することになると思われます。また、一定の政策的な理由によって、著作権の保護期間内でありながら、著作権者の許諾を得ることなく自由に著作物の利用ができるようにしてあげたほうがよいという場合もあります。そのようなことから、著作権の行使に一定の制限を課するのがわが国だけでなく、各国の例となっています。

制限の仕組み

　著作権を制限するやり方としては、制限される場合を個別具体的に列挙する国と、抽象的な一般規定を置いて対処する国とがあります。前者は主としてドイツ、フランスなどの大陸法系に属する国にみられるところで、後者は主としてアメリカ、

1 保護期間内における著作権の制限

イギリスなど英米法系に属する国にみられるところです。個別的列挙方式は、著作権の制限される場合が明白で、著作物の利用者はあらかじめ著作権に抵触しないよう注意を払えるという予防的効果を期待できる利点があります。しかしその反面、規定の文言に拘束されて弾力的な運用ができにくいため、技術の発展などにより新たな著作物の利用方法が出現し、これが著作者の利益を侵害するおそれがないという場合でも、いちいち法改正をしなければ著作権を制限することができないことになり、著作物の利用を著しく阻害するという欠陥があります。これに対し、一般規定で対処する方式では、技術の発展や時代の要請に迅速に反応して規定の解釈で柔軟に対応できるという利点がありますが、その反面、著作権に抵触するか否かは訴訟になり裁判所の判断が出てはじめて分かることで、事前に判断できないという点が利用者にとって不便です。このように一長一短がありますが、わが国はこれまで個別列挙主義を採用し、著作権法30条以下に詳細な規定を置いています。

ただ、立法当初は20か条ほどで済んでいたものが、いまでは37か条ほどに膨れ上がってきて煩雑になっています。今後は好むと好まざるとに関係なく、部分的に一般規定によって対処しなければならなくなるという時期が来るのではないでしょうか。

以下においては、制限規定の代表的なものについて取り上げてみましょう。

コラム　6　フェアユース (fair use)

著作権侵害の主張に対する抗弁事由として米国著作権法が規定する法理です。すなわち、米国では、批評、解説、ニュース報道、教

授、学問、研究の目的で著作物を利用する場合には、それがフェアユースに該当すれば著作権侵害にはならない旨を規定し、フェアユースに当たるか否かはすべて裁判所の判断に委ねております。もっとも裁判所に委ねるといってもフリーハンドではなく、裁判所は、①使用の目的および性質、②著作物の性質、③使用される分量と質、④著作物の潜在的市場に与える影響の 4 要素を考慮して判断しなければならないものとしています（米著 107 条）。著作権の制限規定として個別列挙にこだわるわが国とは異質な考え方をとっているといえましょう。

2　私的使用のための複製の自由

Q76 CD レンタル店から借りた CD を自分の機器でダビングしても差し支えないでしょうか。自宅まで持っていくのは面倒なので、店頭にあった高速ダビング機でダビングしてもらうことはどうでしょうか。また自宅でダビングした CD を親友に譲ってもいいでしょうか。

私的複製の自由

　音楽をダビングする行為は複製に該当しますので、本来であれば著作権者に無断でこれを行えば複製権の侵害となるはずです。しかし著作権法は、「著作物は、個人的に又は家庭内その他これに準ずる限られた範囲内で使用する」場合には、「その使用する者が複製することができる。」として、私的使用のための複製については自由に行ってもよいと規定しています（著作 30 条 1 項柱書き）。したがって、あなたが自分用のために自分の機器で

ダビングするのであれば、この規定により権利者の許諾は必要ありません。しかし、私的使用のための複製であっても、公衆の使用に供することを目的として設置されている自動複製機器を用いての複製については、権利者の許諾が必要です（著作30条1項1号）。**Q76**にあるように、レンタル店の店頭にある高速ダビング機を利用しての複製などがこれに当たり、営利目的でこのような自動複製機器を設置して権利者の権利の侵害となるような複製に使用させた者については罰則が適用されることになっています（著作119条2項2号）。ただ複製を行った者自身は、民事責任が問われる可能性はあるものの、罰則が適用されることはありません。

また、ダビングしたCDを親友に譲ることも自由に行って差し支えありません。ただ注意していただきたいのは、私的使用のために作られた複製物を頒布することは複製権を侵害したものとみなされるということです（著作49条1項1号）。ここに「頒布」というのは、有償・無償のいかんを問わず、複製物を公衆に譲渡または貸与することを指しますから（著作2条1号19号）、親友ではなく、一般の人に貸したり、売却したりすれば、複製権の侵害となりますので、事前の許諾が必要となりましょう。

Q77 家庭内における著作物の複製は自由ということですが、これでは音楽や映画が簡単に録音・録画されて権利者側は大きな不利益を受けることになりはしませんか。

> 私的録音・録画補償金制度

近年の録音・録画技術の急速な進展に伴って、高性能をもつ録音・録画機器が低廉な価格で出回るようになり、

第7章 著作権の制限

家庭内に普及・浸透してきています。その結果、CDレンタル店や友人から借りたCDあるいはラジオなどから流れてくる音楽を自分所有の録音機器に録音したり、ビデオレンタル店から借りたDVDあるいはテレビの画面を録画したりすることが容易に行われるようになり、その影響で著作権者や実演家・レコード製作者という著作隣接権者の収益に多大な不利益をもたらすという現象が発生してきています。

　このような事態に対処するためには、私的使用のための複製の自由の制度を維持しながらも、権利者の経済的不利益を解消させるためのなんらかの方策を考え出すことが必要になります。ここで登場してきたのがドイツ（当時は西ドイツ）で1965年以来採用されている方式です。この方式は、録音・録画機器のメーカーとテープやディスクなど録音・録画機材のメーカーに対して、著作権者などの権利者が一定の報酬を請求できるという権利を認めたものです。録音・録画機器メーカーおよび録音・録画機材メーカーは権利者に支払った分を機器・機材の販売価格に上乗せして購入者に転嫁するので実質上の不利益はなく、結局は機器・機材の購入者（実際には彼らが録音・録画を行う者でもある）が実質的な負担者となります。したがって権利者としては著作物の録音・録画を行う者をいちいち捕捉して権利行使をする手間が省けて収益が確保され、他方、機器・機材の購入者は購入価格に若干の上乗せがあったとしてもほとんど痛痒を感ぜず、それを含めたものが販売価格であると思っているうえ、知らず知らずのうちに録音・録画権をクリアしたことになる、という巧妙な制度となっています。このドイツの制度は各国にも大きな影響を与え、オーストリア、フランス、オランダ、米国などで相次いで導入されるにいたっています。

2　私的使用のための複製の自由

わが国もこのような国際的動向を踏まえ、平成4（1992）年の著作権法の一部改正によってこの制度を基本的に採用しました。わが国の方式は、ドイツとはわずかに異なり、「私的録音・録画補償金制度」と名づけ、政令で定めるデジタル方式の録音・録画機器と録音・録画用の記録媒体（録音・録画機材）にのみ適用するものとしています（著作104条の2以下）。現在のところ政令で指定されている録音機器としては、DAT, DCC, MD, CD-R, CD-RWの5種が、また録画機器としては、DVCR, D-VHS, MVDISC, DVD-R, DVD-RAM, BDの6種が指定されています。また記録媒体としては、これらの機器に用いられるテープとディスクが指定されています。権利処理を図解すると、【図表7-1】のようになります。

【図表7-1】わが国の私的録音・録画補償金制度

```
共通目的事業    ← 権利者の団体     ④補償金の請求    機器・機材の
への支出       (指定管理団体)   →               メーカー等
         ⑥                ⑤補償金の支払い
        
      権利の委託  補償金の分配   機器・記録媒体    機器・
        ①         ⑥        の代金（補償金    記録媒
                            を含む）の支払い   体の販
                            ③             売
                                          ②
                            補償金返還請求
  著作権者   実演家   レコード製作者           利用者
  の団体    の団体   の団体                （=消費者）

            権　利　者
```

Q78 分厚い書物を持ち運ぶのは面倒ですので、自炊代行業者に頼ん

でデジタル・データ化してもらい、スマートフォン（スマホ）やタブレットなどで読みたいと思っています。法的に問題がありますか。

自炊代行業者の行為

　紙で作られている書籍や雑誌をイメージスキャナーを使ってデジタルデータに置換え、スマホや電子ブックリーダーなどで読むことができるようにすることは、一般に自炊と呼ばれています。自炊という言葉はデータを自ら吸い込むところからきているそうですが、造語としてはあまり適切とはいえないようです。それはともかく、スキャナーで電子化する際には書籍などを裁断機などでページごとに分解することが必要で、これらの行為をも含めて自炊と呼ばれているようです。

　自炊行為を書籍や雑誌の所有者が自ら行う場合には、法的に問題となることはありません。スキャナーで電子化することは「複製」に該当し、自ら複製することは著作権法30条1項にいう私的複製に該当するからです（☞Q76）。しかし、自炊行為を行い、読みやすい電子データを得るためには高性能のスキャナーが必要ですし、だいいち面倒です。そこでこの仕事を代行する業者が現れました。これを自炊代行業者と呼んでいます。自炊代行業者はインターネットなどで注文を受け、高速スキャナーで電子データに転換し、USBメモリーやハードディスクに格納して注文者に提供しているようです。

　ところで、代行業者のこのようなサービスは著作権の侵害に該当すると考えられます。前述の著作権法30条1項の柱書きには、「その使用する者が複製することができる。」と規定しており、これは

使用者本人が複製する場合に限り複製権の侵害とはならない趣旨を定めたもので、**Q78** のように他人に依頼して複製してもらう場合は含まれないと解するのが一般的な見解だからです。このことは判例もまた認めています（東京地判平成25・9・30判例集未登載）。したがって、自炊代行業者の複製行為はあくまでも自分が複製物を使用するために行うわけではありませんので、複製権の侵害、ひいては著作権の侵害となります。最近では代行業者はサービスを受け付けるにあたり、注文者に対し著作権者から複製の許諾を得てくるように要求し、注文の際にはその許諾があったものとして扱う趣旨の約款を用意して、自己の免責を図ろうとするものもあるようですが、これによって免責されるものではありません。許諾は本来、複製する者がとるべきものだからです。

　最近のニュースによりますと、自炊業者をいたずらに敵視するよりは共存を図るべきだとの機運が権利者側に生じ、日本文芸家協会、日本写真著作権協会、日本漫画家協会の3団体は1冊30円程度の著作権使用料を徴収する代わりに代行を許諾する方向で代行業者と協定に入る意向だとのことです。そして許諾の際には、業者がスキャン後に紙の本を処分し、電子データがネット上に出回らないことなどを条件とするとのことです（朝日新聞2013年3月27日朝刊）。このような傾向は電子書籍化時代といわれる現代にむしろ望ましい方向を示すものであり、歓迎すべきものと思われます。

Q79 映画館に小型のビデオカメラを持ち込んで、ひそかに映画を録画している人を見かけました。注意したところ自分が楽しむために録画しているのだからいいはずだと開き直られました。違法ではないのでしょうか。

第7章　著作権の制限

> 映画の盗撮防止

　ご指摘のように、最近、高性能の小型ビデオカメラなどを使って映画館などで上映されている映画を盗撮し、これが複製されて流通し、映画産業に大きな被害が生ずるようになってきています。実際には販売目的であるにもかかわらず、私的使用のためであると言い逃れをする者が現れ、その対応には手を焼いているのが実情でした。そこで、この言い逃れを阻止する目的で、平成19（2007）年に「映画の盗撮の防止に関する法律」が成立し、施行されるにいたっております。これによれば、映画館等における映画の盗撮が禁止され、これに違反した者は著作権を侵害したものとして罰則が適用されることになりました（同法4条1項）。ここにいう「映画館等」とは、映画館はもちろんのこと、かならずしも映画の上映を目的とした施設ではないが、ホールのように不特定または多数の者に対して上映される施設であって、それがその映画の上映を主催する者により入場が管理されているものも含まれます（同法2条2号）。また「映画の盗撮」とは、映画館等において有料で上映される映画（試写会で無料で上映される場合も含まれる）について、映画の著作権者に無断で映画の影像の録画または音声の録音をすることをいいます（同法2条3号）。したがって、録音だけの場合も規制の対象となります。なお、盗撮が禁止されるのは、国内で最初に有料で上映された日から起算して8ヶ月に限られており、この期間を経過したときには適用されません（同法4条2項）。国内で上映される映画の劇場公開期間が通常8ヶ月以内となっていることを考慮し、私的使用のための複製の自由の規定を過度に規制することのないように配慮したためです。

3 写り込み

Q80 有名人の自宅紹介ということで写真の撮影を依頼されましたが、出来上がった写真のなかに応接間に架けてあった絵画が偶然にも写ってしまいました。この写真を雑誌に掲載するにあたり、絵画を作成した画家の了解を取り付けなければならないでしょうか。

「写り込み」の扱い　　居間にいる人を撮影したら床の間に飾ってある掛け軸が写ってしまった場合とか、街頭で映画を撮影していたら店頭で流されていた音楽が偶然録音されてしまった場合のように、著作物を作成する際に、著作者が意図しなくとも作品のなかに他人の著作物が偶然取り込まれる場合が意外と多いものです。このような場合は一般に写り込みと呼ばれているようです。厳密に考えますと、これも著作物の複製に該当しますので、私的使用のほかは著作権者の許諾が必要であるはずです。しかし、このような行為は権利者の利益を不当に害することが少ないところから、権利制限の対象とすべきだとの要請が強くなり、平成24（2012）年の法改正により、このような場合には著作権が働かないこととなりました（著作30条の2）。したがって、**Q80** の場合、画家の許諾を得る必要はないといえます。ただ、写された絵画の部分を不当に大きく拡大し、これが目立つような形で雑誌に掲載されるようですと、著作権者の利益を害するものと判断され、無断で行えば著作権者からクレームがつけられる可能性がありますので、注意が肝要です。

4　図書館における複製

Q81 近所の公共図書館で図書のコピーをお願いしたいと考えていますが、なんらかの制約はあるのでしょうか。

> 図書館利用者のための複製

　図書館が従来の閲覧業務のほかに図書資料のコピー業務をも行っている実態に即し、著作権法は一定の図書館に利用者の求めに応じて著作物を複製することを認めるにいたっております。しかし、以下に述べるように著作者の不利益にならないような配慮も講じております（著作31条1項1号）。

　まず第一に、コピーサービスの許される図書館が限定されています。すなわち、①国会図書館、②県立図書館、市立図書館など地方公共団体の設置する図書館、③大学または高等専門学校の設置する図書館、④国立科学博物館、国立近代美術館など、図書・記録その他の著作物の原作品または複製物を収集・整理・保存して一般公衆の利用に供する業務を行う施設で法令の規定により設置されたもの、⑤原子力研究所の図書室、アジア研究所の図書室など、学術の研究を目的とする研究所、試験所、その他の施設で法令の規定によって設置されたもののうち、保存する図書等を一般公衆の利用に供する業務を行うもの、⑥文化庁長官が指定するもの（具体的には経団連の図書館、日本医師会の図書館など）に限定されています。したがって、これ以外のもの、たとえば企業が設置する図書館や高等学校以下の図書室などはコピーサービスを行うことができないこととなっています。もっとも、高等学校以下の学校においては、授業に使用する目的であるならば担当の教師や生徒がコピーすることは、後述

のように（☞ Q86）許されています。

　第二に、その図書館が所蔵する図書のコピーに限られていることです。したがって、利用者が外部から持ち込んだ図書のコピーは禁じられております。

　第三に、図書館利用者の調査研究の用に供するものでなければならないことです。したがって、娯楽の目的でコピーをしようと思っても拒否されることになるでしょう。

　第四に、コピーは公表された著作物の一部分に限られていることです。マルマル１冊全部のコピーの依頼をしても受理してもらえません。もっとも、雑誌論文も１つの著作物ですが、これの一部分のコピーしか許されないということでは利用者に不便であるところから、発行後相当期間経過した雑誌論文については、その論文全部のコピーが許されることになっています。

Q82 デジタル化、ネットワーク化時代の今日、国立国会図書館はどのような役割を果たしているのでしょうか。

国会図書館の特質

　国立国会図書館は出版物を中心に国内外の資料・情報を収集し、保存して、国会の活動を補佐するとともに、行政・司法および国民に図書館サービスを提供することを目的として設立された図書館です。したがって、当然のことながら他の公共図書館に認められるサービス、たとえば、一般の利用者に対するコピーサービスはもとより、図書館資料の保存のため必要がある場合における複製、他の図書館の求めに応じ、絶版などの理由により一般に入手困難な図書館資料の複製物の提供を行うことができますが

（著作31条1項）、そのほか国会図書館の重要性にかんがみ、次のような役割が最近の法改正によって与えられております。

図書資料のデジタル化　公共図書館が収集・保存する図書資料のなかには劣化、損傷の著しいものも多く含まれていますが、このような場合には保存のため必要であるということでデジタル化が認められております（著作31条1項2号）。しかし、図書館のなかにあっても国会図書館は、国立国会図書館法にもとづく納本制度によって官庁出版物や民間出版物を網羅的に収集し保存する役目を担う特別な存在となっており、このような国会図書館の役割からするならば、すでに損傷や劣化が生じている図書資料についてのみデジタル化を認めることだけでは、図書の保存を使命とする国会図書館の機能としては十分ではないといわざるをえません。そこで平成21（2009）年の法改正により、国会図書館に限り、出版物が納本後の良好な状態で文化遺産として保存されるように、納本後そのすべてを直ちにデジタル化することが許されております（著作31条2項）。

絶版等資料の自動公衆送信による提供　国会図書館は、自己の保有するデジタル化された資料のうち絶版その他これに準ずる理由により一般に入手することの困難な図書館資料について、一般の公共図書館に自動公衆送信することができます。このようにして入手した資料の複製物を公共図書館は図書館利用者の求めに応じて、一人につき1部を提供することができるようになりました。電子書籍時代に対応するための措置ですが、著作者の利益との兼ね合いから絶版等資料についてのみ利用者の便を図ったもので、平成24（2012）年の法改正によって認められるようになりました（著作31条3項）。

> 公的機関のインターネット資料の収集

平成21（2009）年の国立国会図書館法の改正により、国、地方公共団体、独立行政法人等の公的機関のインターネット資料について、国会図書館は権利者の許諾を得ることなく収集することが認められるようになりました。これに歩調を合わせ、著作権法も同年改正され、公的機関のインターネット資料については、収集するに必要な限度で国会図書館の記録媒体に記録することができるようになりました（著作42条の4）。デジタル化・インターネット化時代に対応するための手当ですが、許諾なしの記録はあくまで公的機関のインターネット資料に限られていますので、それ以外の機関の有するインターネット資料については従来通り権利者の許諾が必要とされます。

5　引用・転載

Q83 論文を執筆するにあたり、他の文献を引用したいと考えていますが、その際に気をつけなければならない点があれば教えてください。

> 著作物の引用の仕方

論文を書く際には、他人の書いた文献を引用することが頻繁に行われています。しかし、引用といってもそれは他人の文章の複製に当たりますから、厳密にいえば本人の許諾がなければならないはずですが、それでは自由な批判ができないこととなってしまいます。そこで著作権法は、「公表された著作物は、引用して利用することができる。この場合において、その引用は、

公正な慣行に合致するものであり、かつ、報道、批評、研究その他引用の目的上正当な範囲内で行われるものでなければならない。」と規定して、基本的に引用の場合には著作権者の許諾を必要ないものとしています（著作32条1項）。ここにいう「公正な慣行」とか、「引用の目的上正当な範囲内」は、具体的にどういうことを指すのか文言からは明らかではありませんが、判例は、①引用して利用する側の著作物と引用されて利用される側の著作物とを明瞭に区別して認識できること、②両著作物の間に前者が主、後者が従の関係があると認められる場合であること、③その引用は引用される側の著作者人格権を侵害するような態様でなされるものではないこと、の3つの要件がすべて充たされていなければならないとしております。①については、自分の文章と引用しようとしている他人の文章とをはっきり区別することを要求していますので、前後を1行空けるとか、引用する文章を一段下げるとか、活字を1ポイント落とすとか、引用部分をカッコで囲む、などの操作が必要です。②の主従の関係については、単に量的な点だけでなく、質的な点も考慮して判断すべきものと思われます。

　それから忘れてはならないのは、出所（出典）を明示することです（著作48条1項1号）。出所明示の内容と程度については、著作物の種類および利用の程度によって多様であって一律に決することはできませんが、一般に著作物のタイトルと著作者名の表示は最小限度必要と考えられます。そのほかには、たとえば、書籍の利用の場合には、出版元、刊行年、版数、引用したページの記載が、また定期刊行物に掲載されている論文等を利用する場合には、誌名、号数、発行日時が要求されていると考えるべきでしょう。出所明示の位置については、とりわけ取り決めがあるわけではありませんが、

引用した文章の近くに割注の形で表示したり、引用した文章の欄外にカッコ書きで番号を付し、章節の終了した箇所に後注の形で表示するなどの方法がもっとも適当かと思います。よく巻頭や巻末に参考文献として著作物のタイトルを列記するにとどめたり、「○○の著作物から引用した部分がある」という表示をするにとどめたりする場合を見かけることがありますが、これでは引用部分と出所との関連が明らかにされているとはいえないので、出所明示したと認めることはできないものと考えられます。

Q84 振り込め詐欺についての警察の広報資料を、高齢者向けの市販雑誌にそのまま掲載したいと考えていますが、警察の許可が必要でしょうか。

公的機関の広報資料等の転載

　国もしくは地方公共団体の機関、独立行政法人または地方独立行政法人が一般に周知させることを目的として作成する広報資料、調査統計資料、報告書その他これらに類する著作物は、説明の材料として新聞紙、雑誌その他の刊行物に転載することができます（著作32条2項本文）。これらの資料もりっぱな著作物ですが、一般への周知徹底を図る目的で作られたものであるところから、著作権を有する公共機関の許諾を得ることなしに自由に転載することができるようにしたものです。したがって**Q84**の場合、警察の許可なしに転載を行っても差し支えありません。ただ法文上、「説明の材料として」転載することができるとなっていますので、この資料を掲載する際に、「振り込め詐欺事件が多発しているので気をつけましょう。最近、警察も次のように警告していま

す。」などの前書きを付したうえで掲載すべきものと思われます。なお、この場合でも出所の明示が要求されていますので、引用と同じように配慮することが必要です（著作48条1項）。また、広報資料等に転載禁止の表示が付せられている場合は、無断で掲載することはできないので注意が肝要です（著作32条2項ただし書き）。

Q85 大学の教師ですが、学生にレポートの提出を義務付けたところ、提出されたものの多くはインターネットなどで集めた資料を単にコピペしたものばかりでした。これは著作権侵害行為ではないでしょうか。

インターネットからの
資料の収集

インターネットによって利用できるウェブ上の文書は、世界中のどの百科事典でも対応できないほどの膨大な量にのぼっており、しかもこれらのなかから必要な情報を簡単に検索して獲得できる時代になってきました。もちろんこの文書のなかには信頼のおけないものも含まれてはおりますが、手軽に情報を得ることの利便性は計り知れないものがあると思います。そこで学生のなかには、**Q85**のように、ウェブから得た情報をコピー・アンド・ペーストでまとめてレポートとして提出する不心得者が出てくるようになってきました。教師にはこれを見抜く眼力が要求されるようになったといえましょうか。それはともかく、このような行為は著作権法上どのように評価されるでしょうか。まず、学生がウェブ上の情報を選択してコピーすること自体は、私的使用のための複製に当たりますので複製権の処理は必要ありません。これを教師に提出する際に自分の文章に混ぜてこれを使用する場合は**Q83**で説

明した①〜③の引用の要件をすべて充たしていれば、著作権の侵害にはなりません。ただ他人の文章をそのまま自分の文章としてまとめあげ、何食わぬ顔でレポートとして提出すれば、私的使用の本来の目的の範囲を逸脱するばかりか、氏名表示権の侵害となりうることに注意する必要があるでしょう。また実際の作者の氏名を付してコピペしたものを提出する行為は「転載」に当たるとも考えられますが、転載が複製権の侵害にならないとされているのは、新聞紙または雑誌に掲載して発行された政治上、経済上または社会上の時事問題に関する論説を他の新聞紙または雑誌に転載する場合（著作39条1項）に限られており、Q85の場合はこれに該当しませんので複製権の侵害として扱われることになるでしょう。またさらに、学校その他の教育機関において授業を受ける者はその授業の過程における使用に供することを目的とする場合には、必要と認められる限度において著作物を複製することができる（著作35条1項）ことになっていますが、これはあくまでも他人の著作物を他人のものとして使用する場合に限られるのであって、他人のものをあたかも自分が作ったかのように使用する場合まで含んでいるわけではありません。いずれにせよ、著作権または著作者人格権の侵害となる可能性が大きいといえましょう。

6 教育機関における利用

Q86 学校の教員ですが、教材としていろいろな資料を使おうと思っていますが、著作権をクリアしないで利用できる場合があるでしょうか。

第 7 章　著作権の制限

保護の対象外のもの

まず、いうまでもないことですが、著作物でないものについては著作権のクリアは必要ありません。天然現象、気候風土、自然界の動植物など人間の創作物でないものについては、それを DVD に録画しようと手書きしようといっこうに差し支えありません。人間の手にかかったものであっても単に事実の表示にすぎないもの、たとえば、品物の料金表や列車の時刻表などのたぐい、また著作物であっても保護期間の経過した古典作品、そのほか法律・政令・省令・条例・告示・判決など国民に周知徹底を図るために著作権の保護から外されているもの（著作 13 条）などは、いずれも自由に使うことができます。

教育機関における複製

著作権の保護期間がまだ存続している著作物を利用する際には著作権者の許諾が必要であるのが原則です。ただ、本来であれば著作権者の許諾が必要な場合であっても、学校、各種学校、職業訓練校など非営利目的の教育機関において、教育を担任する者および授業を受ける者がその授業の過程において使用するために著作物を複製する場合には著作権者の許諾を必要としないこととされています（著作 35 条 1 項）。したがって、たとえば、教師が教材として生徒や学生に配布するために著作物をコピーしたり、教育放送を録音・録画したりすることは差し支えありません。また授業を受ける者も、教師の指導の下に授業の過程で使用することを目的とする場合にはみずから複製しても差し支えないことになっています。もっとも、いずれの場合でも、著作物の種類、用途、複製の部数や態様によって著作権者の利益を不当に害する場合には著作権者の許諾が必要とされます。

6 教育機関における利用

<教室内での著作物の公衆送信>
　教室のスペースの関係から複数の教室で合同授業を行ったり、複数に分かれているキャンパス間で遠隔授業を行ったりする場合が多くなってきました。このような場合には主会場で配布される教材をインターネットなどにより送信することが必要になってきます。上に述べたように、1教室内での教材の配布が可能なのに、遠隔授業の場合にこれが許されないというのでは不公平なので、平成15（2003）年の法改正により、主会場と同時に行われる授業の受講者に対する教材の公衆送信には許諾は必要ないものとしました。しかしこの場合も、著作権者の利益を不当に害する場合には著作権者の許諾が必要となります（著作35条2項）。

Q87 私どもの大学では社会人教育の一環として夏季休暇を利用してキャンパス内で市民講座を実施していますが、その際、担当の教授は教材として他人の著作物をコピーして配布しています。権利者の許諾は必要なのでしょうか。

<教育機関において許される複製の範囲>
　最近の大学などの教育機関においては社会貢献のひとつとして教授を学外の講座や講演に講師として派遣したり、**Q87**のように学内の空き教室を利用して一般市民を対象として公開講座を開いたりすることが多くなってきました。そしてその際に、教授は資料として他人の著作物をコピーして配布する場合もあるようです。このような行為は結論から先にいえば違法です。著作権法35条1項は、「学校その他の教育機関（営利を目的として設置されているものを除く。）において教育を担任する者及び授業を受

ける者は、その授業の過程における使用に供することを目的とする場合には、必要と認められる限度において、公表された著作物を複製することができる。」と規定していることから明らかなように、大学教授は当該大学の学生に対する授業に使用するために複製する場合にのみ、無許諾での複製が許されているだけです。したがって、学内の教室を使って講義をする場合であっても、受講者が一般市民を対象としている場合は除外されます。まして、学外の講座や講演での使用ではなおさらです。また教育機関がそこに所属する学生を対象に授業を行う際に資料としてコピーする場合であっても、その教育機関が予備校のように営利を目的として設置されたものである場合も除外されますので注意が肝要です。

Q88 私どもの高校ではこのたび50人定員のパソコン教室を設置したので、早速ソフトを入れて情報科の教材に使用したいと考えています。ただ授業としての性格上、著作権を侵害してはまずいと思いますので慎重にしたいのです。配慮すべき点を教えてください。

教材としてのパソコン
ソフトの複製等

　　　　50人定員のパソコン教室ということですから、パソコンは50台設置してあり、1つのソフトを使用する場合に当然のことながら50部ものコピーが必要となるわけです。そこで教師が授業に使用するという名目で、50部をコピーすることは許されるでしょうか。著作権法35条1項本文（☞ **Q87**）にいう「必要と認められる限度」の具体的な数量については1教室がだいたいにおいて50人であるところから、50部ぐらいまでと一般に考

えられております。そうであるならば、Q88のように50部コピーは可能のような気がします。しかし、これはデジタル時代登場前の文書のコピーを念頭に置いた部数であって、現在のように高価なパソコンソフトが瞬時にクローンとして複製される場合と同列に論ずることはできません。35条1項にはただし書きが付せられていて、「ただし、当該著作物の種類及び用途並びにその複製の部数及び態様に照らし著作権者の利益を不当に害することとなる場合には、この限りでない。」と規定していることに注意すべきです。パソコンソフトを50部も無断コピーされると通常、権利者は多大の不利益を受けるものと思われます。したがって、このような場合には権利者の許諾が必要であると考えたほうがいいでしょう。

　また、LANを使用して教師が受講者の端末にパソコンソフトを送信し、これを利用させることは、「同一の構内」における送受信ではあってもプログラム著作物の送信については公衆送信権が働くことになっていますので（著作2条1項7の2）、複製の場合と同様、権利者の許諾が必要と考えます。

Q89 大学で英語を教えている教師です。これまで自分の趣味と勉強を兼ねて、テレビで放映されている英語圏の映画をDVD録画したものを大量に持っています。これを授業に使っても差し支えないでしょうか。また定年退職後は大学の図書館に寄贈したいと考えていますが、これも差し支えないでしょうか。

著作物の録画とその利用

　著作物の録画は複製に該当しますので、本来であれば複製権の処理、つまり著作権者から複製の許諾を受ける

ことが必要です。しかし、自分の趣味と勉強を兼ねての録画ということですから、私的使用のための複製に該当すると考えられます。したがって、著作権法30条1項柱書きにより、この場合は複製の許諾を受けなくてもよいということになります。ただ、インターネットによって違法に配信されている映画につき、その事実を知りながらダウンロードする場合には著作権者の許諾が必要となります（著作30条1項3号）。これは平成21（2009）年の法改正によって追加されました。インターネットの普及によりファイル交換ソフトなどを利用して違法に配信されている音楽や映像作品をダウンロードする行為が多発し、正規市場が侵されるおそれが生じてきたことから、権利者を守るために設けられた改正です。また、自分の趣味としてではなく、当初から授業に使う目的で録画した場合は、著作権法35条1項により、授業を担任する者の複製として許諾不要となっています。

このようにして録画された映画を授業に使うことは、営利を目的とせず、かつ、聴衆または観衆から料金を受けず、実演家に報酬を支払わない場合の上映に該当しますので、これまた権利者の許諾は必要ありません（著38条1項）。

しかし、定年退職後に図書館に寄贈することは、映画著作物に認められている頒布権に抵触します（著作26条）。頒布には無償の譲渡行為も含まれているからです（著作2条1項19号）。したがって、この場合には著作権者と連絡をとって許諾を受ける必要があるといえましょう。その方法については一般社団法人日本映像ソフト協会に相談されたらどうでしょうか。

Q.90 大学の入学試験の問題に著名な評論家の文章を使用したいと考

えています。注意すべき点があれば教えてください。

試験問題としての複製等

Q.90のように、入学試験、入社試験など人の学識技能に関する試験または検定の問題に他人の著作物を利用する例がしばしば見受けられるところです。このような場合に事前に著作権者の許諾を得ることは、試験問題としての性質上、できないことですし、また著作権者の利益を不当に害するものでもないところから、無断での利用が許されております（著作36条1項）。ただし、料金をとって模擬試験を行う場合のように、営利を目的としてこの複製をするときは、著作権者の許諾を得る必要はありませんが、通常の使用料の額に相当する額の補償金を著作権者に支払わなければなりません（著作36条2項）。また遠隔授業の場合に、インターネットなどを使用して試験を行うことができるようになってきています。この場合には、公衆送信権の対象となるはずですが、複製の場合と同様に事前に権利者の許諾を得ることが不適切であるところから、この場合も無断利用が許されております。

素材の著作者の人格の尊重

試験問題の素材とされる著作者の人格の尊重についても十分な配慮が必要です。原典をばらばらにしてこれを正しく並べ替えさせることは同一性保持権の侵害とみられる場合があるでしょうし、「この文全体に論理矛盾がみられます。それはどこでしょうか。」とか、「この文には文法的な誤りがあります。それを指摘しなさい。」という設題の出し方は、たとえそれが事実であったとしても、本人が望んでもいないのに勝手に取り上げてそれを非難・糾弾するものであり、著作権や著作者人格権以前の一般的人

格権の侵害の事例として問責される可能性がありますので、厳に慎まなければならないところです。

なお、出題にあたっては、素材となった著作物の出典を明示することが望ましいでしょう。ちなみに多くの著作者と管理委託契約を結んでいる日本文芸家協会は各大学学長宛に 2010 年に「入試問題に関する要望書」を送っておりますが、それによれば、①出題に際し、みだりに作品を改変しないこと、②出題にあたり、出典（著作者名・作品名等）を明示すること、③試験の実施後速やかに、使用した作品の著作者（著作権者）と当協会に、試験問題用紙（またはそのコピー）を添えて報告すること、を要望しております。もちろんこの協会にすべての著作者が権利を委託しているわけではありませんが、このような方式がいまや慣行となっているとみて差し支えありません。

試験外での使用

無断利用が許されているのは、その複製物が試験に使用されている場合だけです。したがって、試験終了後に、それを大学のホームページなどに掲載したり、次年度以降の入学希望者に配布したりする場合には、別途に使用の許諾を得る必要がありますので注意が肝要です。

Q91 学習用の教材としてドリルやワークブックを製作・販売している業者ですが、学校に見本用として配布したこれらの本が、教師によって勝手にコピーされて教室内で使用されているようです。著作権侵害ではないでしょうか。

6 教育機関における利用

> 見本用の教材の無断使用

かつて新聞に、教材業者が小、中学校に見本用として配布しているドリルやワークブックなどの教材を教師がコピーして生徒に配布するという傾向が目立ち、それでなくても児童や生徒の減少に伴い商売のパイが小さくなっている業者は大弱りで、文部省（現在の文部科学省）に対し、「著作権保護の立場で指導を強めてほしい」旨の申入れをするという記事が載っていたことがあります（昭和63年1月12日朝日新聞）。このような傾向は現在も続いているばかりでなく、電子化されたドリル・ソフトについても同様なことが行われているようです。ドリルやワークブックは、その形式や内容にばらつきはあり一概にはいえませんが、その多くは著作物と考えてよいと思われます。そして法は、教師または生徒らは授業の過程において使用する場合に必要とされる限度で、公表された著作物を複製することができると規定していますが、これはあくまでも著作権者の利益を不当に害さない場合に限って許されるものですから（著35条1項）、教材業者の利益が害されることの明らかな Q91 の場合は、それが書籍の形をとっていようと、電子化された場合であろうと、権利者の許諾を必要とすると解すべきと思われます。したがって、 Q91 の場合、業者と交渉して使用料を支払うべきものと考えます。

Q92 校歌を学校のホームページに載せたり、CDに入れて卒業式に配布したりしたいと考えています。自分たちの学校なので自由に使ってかまわないという意見がありますが、それでいいでしょうか。

第7章 著作権の制限

> 校歌の利用

　校歌であっても扱いは他の著作物と異なることはありません。作詞家と作曲家が著作権を原始的に取得し、学校に著作権を譲渡しないかぎり、彼らがもっていることになります。古い学校ですと、著作者の死後50年を経過している場合がありますので、その場合著作権は消滅し、だれでも自由に使用することができます。それ以外の場合は著作権者から許諾を得ることが必要になります。ホームページに載せる場合は、送信可能化の許諾、CDに入れて配布する場合は複製の許諾と譲渡の許諾が必要ということになります。ただ、著作権者はその権利の行使を日本音楽著作権協会（JASRAC）などの管理事業者に委託している場合がありますので、その場合はその団体から許諾を受けなければなりません。JASRACなどの団体が著作権を管理しているかは、それぞれの団体に問い合わせてみるしかありません。なお、音楽関係著作権者の多くが権利を委託しているJASRACでは、学校のホームページに載せることについては著作者から特段の申し出がないかぎり、所定の申込書を提出するだけで、当分の間、使用料を免除するとしています。ただし、これは学校のホームページに掲載する場合に限られていますので、同窓会やサークルのホームページに載せたり、CDに入れて卒業生に配布する場合には、使用料の支払いが必要となることにご注意ください。

7　視聴覚障害者の利用

Q93 視聴覚障害者を保護するために著作権法はいろいろな手立てを講じていると聞きましたが、具体的にどのようになっているの

7　視聴覚障害者の利用

でしょうか。

> 視覚障害者のための複製等

　視覚障害者のための点字による複製は、営利事業として行われる例が少なく、おおむね篤志家の奉仕によって行われており、その部数も比較的少ないところから、著作権者の不利益になるおそれはないと考えられます。そこで、視覚障害者の福祉の増進という政策的な見地にもとづいて昭和46（1971）年の立法時からこれを自由としています（著作37条1項）。その後、デジタル技術の発達に伴って、点訳ソフトを用いて著作物を点字データとしてフロッピィなどの記録媒体に記録したり、ホームページにアップロードしたり、ネットワークを通じて送信することができるようになってきました。そこで、平成12（2000）年の法改正によってこれも自由としました（著作37条2項）。またさらに、平成21（2009）年には、視覚障害者や発達障害、色覚障害などで視覚による表現の認識に障害のある者（視覚障害者等という）の福祉に関する事業を行う者で政令で定めるものは、文字・影像など視覚によりその表現が認識される形で公衆に提供されている著作物を、視覚障害者等の用に供するために必要と認められる限度において、拡大図書、デジタル録音図書を作成したり、自動公衆送信したりすることができるようになりました（著作37条3項）。

> 教科用拡大図書等の作成のための複製等

　盲学校や小・中学校の特殊学級などにおいては弱視の児童・生徒のため教科書の文字等を拡大した教科書が使用されていますが、平成15（2003）年の法改正によってこの複製が自由であることが正式に認められました。また平成20（2008）年に、

「障害のある児童及び生徒のための教科用特定図書等の普及の促進等に関する法律」(教科書バリアフリー法)が制定されたことに伴い、弱視の児童・生徒だけでなく、視覚障害、発達障害その他の障害により教科用図書に掲載された著作物を使用することは困難なすべての児童・生徒について、拡大その他の方式による複製が許されるようになっています(著作33条の2第1項)。ただ、拡大図書等を作成しようとする者は、あらかじめ教科用図書発行者に対しその旨を通知しなければなりません。そして営利目的で拡大図書等を頒布する場合には文化庁長官が毎年定める額の補償金を著作権者に支払うことが義務付けられております。支払義務を負うのは営利目的で頒布する場合に限られていますから、ボランティアなどによって非営利目的で頒布する場合には、発行者への通知は必要ですが補償金を支払う必要はありません(著作33条の2第2項)。

| 聴覚障害者等のための複製等 |

聴覚障害者や発達障害、難聴などで聴覚による表現の認識に障害のある者(聴覚障害者等という)の福祉に関する事業を行う者で政令に定めるものは、映画、放送番組などを聴覚障害者等が利用するために必要な方式によって複製したり、自動公衆送信したりすることができます(著作37条の2第1号)。ただ貸出しの用に供するために字幕等をつけて複製することができるのは、政令によってとくに指定された事業者に限定されます(著作37条の2第2号)。健常者による利用を排除するためにこのように限定されております。

8　営利を目的としない上演等

Q94 学校の文化祭で学生・生徒らによる音楽の演奏会を開催したいと考えていますが、無断でやってもいいものでしょうか。また楽譜を構成員全員が購入するのは大変なので、手元にある楽譜をコピーして配りたいと思っていますが、これはどうでしょうか。

営利を目的としない上演、演奏等

　自分たちの作った曲を演奏するのであればすべて自由ですが、他人の作った曲を演奏する場合には原則として作曲者と作詞者の許諾を受けることが必要です。ただこれには例外があり、①営利を目的にしないこと、②聴衆または観衆から料金を徴収しないこと、③実演家に報酬を支払わないこと、の３つの要件が充足されている場合には、著作物を無断で上演、演奏、口述または上映することが認められております（著作38条1項）。したがって、高校以下の文化祭において音楽を演奏する際には、聴衆から料金をとっていないと思われますので、許諾を受けずに演奏しても差し支えありません。しかし、大学祭においては、格安の入場料をとって演奏会を催し、この収入を部費やコンパ代に当てる場合が多いかと思いますが、うえに述べた②の要件を充たしていないことになりますので、権利処理の必要があるとみるべきです。ただ作曲者や作詞者をいちいち探し当てて許諾を取り付けるのは大変な仕事です。幸い多くの権利者は著作権管理事業団体（その代表は日本音楽著作権協会（JASRAC））に権利を委託していますので、そちらに問い合わせてみたらいかがでしょうか。

第 7 章　著作権の制限

> 楽譜の無断コピー配布

　著作者の死後 50 年を超えた作曲家の楽譜とか、民謡などの楽譜については著作権が切れているので、無断でコピーを作成して配布してもいっこうにかまいません。しかし、それ以外の著作権がまだ存続している作曲家の楽譜についてはその許諾を得ることが必要です。文化祭で利用する場合であれ、災害を受けた人のための慰安演奏の場合であれすべて同じです。上記 3 要件が充たされたことにより無断利用が許されるのは、あくまでも上演、演奏、口述、上映の場合に限られていて、複製ならびに複製物の譲渡は入っていないことにご注意ください。

Q95 会社の仲間と東日本大震災に遭った人たちを慰問するために、現地で無料の音楽会や映画会を開催したいと考えています。ついでにちょっぴり会社の宣伝もしたいと思っていますが、すべて無料なので著作権者の許諾は必要ないでしょうね。

> 無料での音楽会・映画会の開催

　震災によって被害を受けた人たちを慰問するために音楽会や映画会を無料で開くという趣旨は大変結構なことで、ぜひ開催していただきたいと思います。しかし、無料であるから著作権者の許諾は不要かというと、そういうわけにはいきません。先に述べたように、①営利を目的としないこと、②聴衆や観衆から料金を受けないこと、③実演家や口述を行う者に報酬が支払われないこと、の 3 要件を充たした上演、演奏、上映、口述については、権利者の許諾を受けなくても自由に利用することができることになっています（著作 38 条 1 項）。**Q95** の場合、無料での開催というこ

となので②の要件は充たしていることは明らかです。③の要件については はっきりしませんが、おそらくは無報酬と考えられます。問題は①の要件についてです。会社の宣伝を少し入れたいとのことですが、これは明らかに営利目的と判断されます。かりに会社の名前を連呼しなくても、会社のロゴマークの入った品物を配布するだけで営利目的の行為と解釈されると考えてよいでしょう。真に慰問のためであるならば、営利目的ととらえられないように行動することが肝要と思われます。

Q96 公共図書館の視聴覚施設が所蔵している映画を用いて館内で上映会を開催したいと企画しておりますが、権利者の許諾を得る必要がありますか。またこの映画を館外に貸し出しても差し支えありませんか。

公共図書館内での上映会の開催

現在、わが国の公共図書館のほとんどがDVDなどの映像資料を持っていて、その種類も、ドキュメンタリーから娯楽映画、アニメと幅広く、1館で1000タイトル以上も所蔵しているところがあるとのことです。そして図書館の視聴覚施設が整ってきたこともあって、館内ホールでの無料上映会の開催が活発に行われるようになり、とくに娯楽映画やアニメの上映は人気が高く、多くの視聴者を集めているようです。ところが、このような無料上映会が開催されると、近隣の映画館やレンタルビデオ店の利用者が激減することになり、これらの経営者との間で経営が圧迫されるおそれがあるとトラブルの対象になっているとのことです。

ところで、**Q95**で述べたように、①営利を目的としないこと、②

第7章　著作権の制限

聴衆または観衆から料金を徴収しないこと、③実演家に報酬を支払わないこと、の3つの要件がすべて充足されている場合に限り、著作物を権利者に無断で上演、演奏、口述、上映することが許されています。したがって、図書館におけるビデオや映画の上映も、一応、この3つの要件をすべて充たしていると認めることができますから、法律上はそれを自由に行ってもよいということになります。ただ、昭和46（1971）年の著作権法の立法時には、劇場用映画がビデオ収録されて市販されること、そしてそれが図書館に資料として所蔵され利用されるようになろうとはまったく予想外のことであったはずですから、はたして著作権法の規定を杓子定規に適用してよいのかが問題となります。ちなみに、わが国が加盟しているベルヌ条約では、上映権についてこれを権利者に制限を付することなく承認していて、わが国のようにこれを制限する規定を置いていないことを考えるとき、わが国おいてもベルヌ条約に即した改正を行うことが要請されているとみるべきではないでしょうか。著作権法5条に、「著作者の権利及びこれに隣接する権利に関し条約に別段の定めがあるときは、その規定による。」との条項があることを考慮すれば、少なくとも洋画については上映にあたって事前に著作権者の許諾をとっておいたよいと思われます。また邦画についても38条1項をタテに図書館での上映が許されていると硬直した考えをとるのでなく、権利者の経済的利益を侵害しない範囲内での一般利用が認められるのが法の趣旨であるとの視点に立って、できるかぎり権利者側との円満な話し合いで上映の可否を決するという態度が望ましいといえましょう。

| 館外への貸出し |

視聴覚ライブラリーのような非営利の視聴

覚教育施設および聴覚障害者の福祉に関する事業を行う者であって政令で定めるものは、貸与を受ける者から料金を徴収しない場合に限り、映画著作物の複製物を貸与できることになっています（著作38条5項）。公共図書館は政令で定めるもののなかに入っていますので、**Q96**の場合に、館外への無料貸出しであれば著作権者の許諾は必要ないことになります。ただこの場合には図書館は著作権者に相当な額の補償金を支払わなければならないことになっている点に注意が肝要です。

9　公的機関における利用

Q97 私はジャーナリストで、国際経済に関する記事を雑誌に連載執筆していますが、某官庁が私に無断で庁内 LAN システムに掲載していることを知りました。その庁内 LAN システムは当該官庁の内部部局だけでなく、当該官庁の出先機関においても利用できるようになっております。これは私の著作権を侵害していることにはなりませんか。

官庁の内部資料としての利用　　官庁が仕事をするにあたって、多くの資料を収集し、これを利用することは、日常不可欠なことといえます。しかしその際に、いちいち権利処理をしなければならないということになりますと、有効適切な事務処理は不可能となってしまいます。そこで、わが国では旧著作権法においてすでに「専ラ官庁ノ用ニ供スル為複製スルコト」を著作物の自由利用のひとつとしていましたが、現行法は、裁判手続のため必要な場合や、立法・行政上の目的

のため役所の内部資料として必要な場合に、著作権者の利益を不当に害しないかぎり、複製を自由としています（著作42条1項）。したがって、市販の雑誌に掲載されている記事や論文を官庁が内部資料として数部複製して部内で配布するのであれば、それは権利者の許諾を得ることなく自由にすることができます。しかし、自由利用が許されるのは複製の場合だけであって、Q97のように公衆送信の場合には適用されません。確かに設問によると庁内LANシステムは部内者にのみその利用が可能となっていますので、公衆送信に当たらないのではないかとの疑問が出てくるように思われます。しかし、著作権法には「公衆送信」の定義が置かれ、「公衆によって直接受信されることを目的として無線通信又は有線電気通信の送信（電気通信設備で、その一の部分の設置の場所が他の部分の設置の場所と同一の構内（その構内が二以上の者の占有に属している場合には、同一の者の占有に属する区域内）にあるものによる送信（プログラムの著作物の送信を除く。）を除く。）を行うことをいう。」（著作2条7号の2）としていて、Q97の場合のように、庁内LANシステムが内部部局の職員だけでなく、出先機関の職員まで利用できるような構造になっている以上、LANの一部が同一構内にないことが明らかです。そのうえ、「公衆」には「特定かつ多数の者を含む」（著作2条5項）とされていますので、出先職員までアクセス可能になっているQ97のシステムは、公衆送信の定義に該当するものといえます。そのようにみてきますと、Q97の場合、当該官庁の行為はあなたの公衆送信権を侵害しているということになります。類似のケースにおいて判例も同様の見解を示しております（東京地判平成20・2・26著作権判例百選［第4版］132頁）。

10　事件報道のための利用

Q98 テレビ局の者ですが、ニュース番組で秋の風物詩として小学校の運動会の模様を収録し放映しましたが、そのなかに著名な作曲家の作った行進曲が入ってしまいました。作曲家の許諾が必要だったでしょうか。

> 時事の事件の報道のための利用

名画の盗難事件を新聞で報道する場合にはその絵を掲載したり、オリンピックの入場行進を放送する際には演奏されている音楽を入れたりすることは、そのニュースの内容をより明確に示す意味で欠くことのできない行為といえます。

かりにこのような場合にすべて著作権者の許諾が必要であるとし、もしもその許諾が得られない場合を想像してみると、ニュースとしての価値がいかに低いものとなるかはだれにも分かることです。そしてまた、これらを自由にしたところで著作権者の利益を不当に害することになるとも思えません。もっとも、扱い方いかんによっては著作権者の不利益となることもありうるでしょう。そこで著作権法はかなり厳重な条件のもとでそれを自由のものとしました。すなわち、①時事の事件の報道のためであること、②利用される著作物が当該事件を構成する著作物であるか、または当該事件の過程において見聞きされる著作物であること、③報道の目的上正当な範囲内での複製や利用であること、の3要件を充たす場合においてのみ、著作権者の許諾を不要としております（著作41条）。**Q98**の場合、この要件をすべて充たしていると考えられますので、著作権者の許諾は必要なかったとみてよいものと思われます。

第7章　著作権の制限

11　美術の著作物の利用

Q99 某市から頼まれて公園に設置する彫像を作りましたが、それが通行人によって撮影されたり、絵葉書にされて販売されたりしているようです。私としてはこれにクレームをつけることができるでしょうか。

> 公開の美術の著作物等の利用

　公園に設置されている彫像や建築物は、制作の段階から著作権者には人目に触れる箇所に置かれるものであることをあらかじめ承知のうえ取り掛かっているはずですから、これが通行人によって写真撮影されたり、スケッチされたり、あるいはテレビ放送されたりしてもなんら不利益を受けることはないものと考えられます。そこでこのような場合には自由に行ってもよいものとされています（著作46条本文）。もっとも、彫像の作者が屋内に設置されるものと思って製作したのに、買主である市によって公園に設置されるという、製作者の予想外の扱いは著作権者の不利益となるおそれがありますので、法はこの場合に著作権者の許諾が必要としています（著作45条）。また、公園に設置された彫像を絵葉書にして販売したり、レプリカを作って販売したり、建築物のばあいにはこれを真似て同様の建物を建てたりする行為については、著作権者の許諾が必要とされています（著作46条1～4号）。

Q100 某デパートから個展を開きたいので出品してもらえないかと、画家である私のところに依頼がありました。それに応じ、展覧会の当日会場に行ってみましたら、受付のところで展示作品を

11 美術の著作物の利用

網羅した豪華本が売られているのを発見しました。そのようなことを認めた覚えはないのですが、こんなことって許されるのでしょうか。

美術の著作物の展示に伴う複製

　実例を紹介しましょう。昭和60年代前半、A社は東京などでレオナール・フジタ（藤田嗣治）展を開催しましたが、その際、会場で展示中の絵画を複製し、それに解説を加えた本を作って1冊1900円で販売しました。この本は、縦横ともに24センチ、紙質はアート紙、金色の装丁を施した140ページに及ぶ立派なもので、そこには展覧会に出品されている藤田作品百数十点が複製されていました。この展覧会には藤田夫人がにせものと断ずる作品が含まれていたので、夫人は展覧会そのものへの協力を断っていました。しかし、展覧会は絵の所有者の許しがあれば開けることができることになっているので（著作45条1項）、展覧会の開催そのものを阻止することはできなかったのですが、作品の複製については著作権者の許諾が必要であったのです。そのことを知った同夫人は、本として複製・出版することについては許諾を与えていないとして、著作権侵害を理由に本の販売差止めと損害賠償を求めて訴えを提起しました。これに対し訴えられたA社は、この本は展覧会の観覧者のために作品の解説または紹介をすることを目的とした小冊子であり、これは著作権法47条によって許されている行為であると争ったのです。

　著作権法47条はたしかに、絵画や写真を適法に展示する者は、「観覧者のためにこれらの著作物の解説又は紹介をすることを目的とする小冊子にこれらの著作物を掲載することができる。」と規定

第7章 著作権の制限

していますが、前記のような本がこの小冊子に当たるのかが、この事件で問題となったのです。この事件を扱った東京地裁は、47条は展覧会の観覧者の鑑賞を助けるために解説・紹介したカタログ等に展示作品を掲載するのが通常であるという実態から許容するものであるから、観賞用として市場において取引される豪華本や画集はこれに当たらないと判示して、藤田夫人に軍配を挙げました（東京地判平成元・10・6無体例集21巻3号747頁）。常識から考えても豪華本は小冊子とみることは無理ですので、この判断は正しいといえましょう。展覧会などで頒布されるカタログが次第に豪華になっていって、それが著作権者に無断で行われるという傾向に頂門の一針となったことは間違いないと思います。

Q101 絵画や写真をネットオークションで販売している業者ですが、商品の紹介のためにその画像をアップロードしたいのですが、公衆送信権に触れるでしょうか。

|美術著作物等の譲渡等に伴う複製等|

絵画や写真を取引する場合にはその現物や複製品を提示して行うのが通常の形態ですが、最近ではネットオークションなど対面で行われない取引が増えてまいりました。このような場合には商品紹介としてその画像をアップロードすることが必要になってきます。しかし、絵画や写真のアップロードは著作権法上、複製権と公衆送信権に関わってきますので、この権利処理をしなければならないはずです。でも、対面で取引を行う場合にはこのような権利処理は必要ないのにネットオークションなどの場合にはそれが必要というのでは不公平といわざるをえません。そこで平成

21(2009)年の法改正により、この場合の権利処理は不要ということになりました（著作47条の2）。すなわち、美術の著作物または写真の原作品または複製物の所有者または彼らから譲渡や貸与の委託を受けたオークション業者や画商が、商品紹介用にこの作品を複製したり、公衆送信したりしても権利侵害とはならないということになったわけです。ただこれが濫用されて正規の美術品の市場が圧迫されては困りますので、複製物の大きさや表示の精度について文部科学省令で定める基準に合致しなければならないとの歯止めをかけています。

12　プログラム著作物の利用

Q102 会社でアプリケーション・ソフトを買いましたが、社員がそれを使用するにあたり予備としてバックアップ・コピーをとってもよいでしょうか。マニュアルにはなにも書いていないのですが。

> プログラム著作物の複製物の所有者による複製

アプリケーション・ソフトはプログラム著作物の複製物ですが、これがコンピュータの誤作動や電源の瞬断などでプログラム自体が破壊されたり、あるいはCDなど有形物に格納されたアプリケーション・ソフトがCDの破損や紛失などによって失われたりする場合に備えて、バックアップ・コピーをとることが一般に行われています。しかし、これはプログラム著作物の複製に該当しますので複製権との関係が問題になってきます。もっとも、個人が私的使用の範囲内でコピーする場

合は著作権法30条１項の規定によって複製が許されていますが、企業が購入したソフトについては私的使用とは認められないため同条項の適用はありません。しかし、それでは万が一の場合、コピーができず、仕事に支障が生じてしまいます。企業の仕事に支障をきたすことなく権利者の利益を損なわない範囲内であるならばコピーを認めても差し支えないのではないでしょうか。このような観点から企業などにおいてもバックアップ・コピーができるようにしたのが著作権法47条の３の規定です。もっとも、ソフトを購入する際の契約では、バックアップ・コピーをとっても差し支えない旨の意思表示がマニュアルその他に明示されている場合が多いようですが、その場合はもちろんのこと、そのような明示がなされていない場合でも、また禁止の表示がなされていようとも、47条の３の規定によってバックアップ目的でのコピーは自由に行って差し支えありません。ただ許されるのは、バックアップ用であるところから、当然に単数のコピーに限られるべきです。会社が多数の社員のために社員の数だけコピーをとることは権利者の利益を不当に害することになるので許されないことはいうまでもありません。このことは、法文上、「電子計算機において利用するために必要と認められる限度」と明記されていることから明らかです。

　また、プログラムの複製物 a を購入した A がバックアップコピー a_1 を作成してこれを B に譲渡したとすると、AB ともにプログラムを利用することができることになり、かりにこれを許容するならば、A は $a_1 a_2 a_3$……と次々にバックアップコピーを作成してはこれを他人に譲渡することができることになって、権利者の利益は大きく侵害される結果となります。そこで著作権法は、バックアップ用としてプログラムの複製をした者が、譲渡など滅失以外の事由に

よって、購入した複製物またはバックアップ用にコピーした複製物のいずれかの所有権を失った後には、その他の複製物を保存することができないものとの規定を置きました（著作47条の3第2項）。したがって、Aがバックアップコピーa_1をBに譲渡したときは、Aはaを破棄しなければならないことになっています。

なお、バックアップ用コピーの格納場所として他のコンピュータのハードディスクを選択してそこに格納することは許されないと考えるべきでしょう。なぜなら、これを認めると、結局は1つのプログラムを2台のコンピュータで使用することができることになり、これは上に述べた47条の3第2項の趣旨に反するからです。

Q103 ソフトのリースを受けた人は、著作権法47条の3第1項で複製を許された「複製物の所有者」には当たらないと思われますが、この場合、自分で使用するための複製（たとえば、パソコンへのインストール）なども行えないことになるのでしょうか。

> インストールは複製に当たるか

　　　　　プログラム著作物をコンピュータで作動させるためには、ハードディスクにソフトをインストールすることが必要になりますが、このインストールもプログラム著作物をハードディスクに複製する行為に該当しますので、形式的には複製権の処理いかんが問題となります。厳密に考えるとプログラム著作物の「複製」に当たりますが、インストールしなければそれを動かすことはできません。つまり、権利者の許諾または著作権法30条などの法の規定によって適法にプログラムの複製物を入手した者がそれを使用できないのではなんのためにそれを入手したか分からなくな

ります。よって、インストールは著作権法の関知しない「使用」に該当し、「複製」ではないと解すべきでしょう。また、かりに「複製」に該当するとしても、47条の3第1項にいう「電子計算機において利用するために必要と認められる」行為に当たると考えられますので、いずれにしても所有者によるインストールは自由に行っても差し支えないといえます。

ところで、上記の条文で複製が許されているのは、あくまでもプログラム著作物の複製物の所有者に限られております。したがってQ103のように、ソフト(これは、プログラム著作物の複製物です)を借り受けた人による複製については許されておりません。

ただ、注意すべきは、ソフトの貸与の際には、著作権者の貸与権が働きますから、リースの際に著作権者の貸与の許諾がなければ、そもそも貸与が無効ですし、したがってインストールもできないということになります。また貸与の許諾があったとすると、著作権者としてはそのソフトがコンピュータで使用されることを承知していたととらえるのが常識的な見方ですので、ソフトの貸与の許諾にはインストールの許諾も含まれているものととらえて差し支えないといえましょう。

Q104 パソコン用のプログラムを無断で多数複製し、会社内で使用していたところ権利者の知るところとなってしまいました。そこで新たに同部数を市価で購入しました。このような場合でも権利者から損害賠償を請求されることがあるのでしょうか。

無断複製されたプログラムの使用

パソコン用のプログラムを無断で複製して

事業に使用していた場合には、著作権侵害行為は2面において発生します。1つは、無断複製したことによる複製権の侵害としてであり、他の1つは、プログラム著作物の著作権を侵害する行為によって作成された複製物を業務上コンピュータにおいて使用したことによる著作権の「みなし侵害」としてです（著作113条2項）。

　前者については、無断複製という違法行為をしたとはいえ、後日プログラムを同部数市価で購入したというのですから、これによって権利者の損害が回復されたとみることができます。しかし、後者については、いったん発生し継続していた違法複製物の使用という「みなし侵害」行為自体はプログラムの購入によって治癒されることはありません。したがって、後者については損害賠償の請求をされる可能性はあるものと思われます。本来、著作権から派生する権利には使用権という権利は認められていませんので、たとえ違法にコピーされた複製物であろうとそれをパソコンで使用することは自由のはずです。しかし、**Q104** のようにそれが業務で使用されますと、権利者の受ける不利益は非常に大きいものと考えられます。そこで昭和60（1985）年の法改正によって、著作権侵害と擬制されるにいたったものです。ただし、この規定が適用されるためには、使用者が、「これらの複製物を使用する権原を取得した時に情を知っていた場合」に限られています。したがって、違法にコピーされたプログラムの交付を受けた社員が、交付を受けた時点で違法に作成されたものであることを知っていたことが必要です。権利者側としては、訴求する際にこの点の立証責任が負わされていることに注意すべきものと思われます。

Q105 無断で他人のホームページにリンクを貼ることは著作権侵害と

なるでしょうか。

> リンクとは

リンクとは、ホームページをほかのホームページに結びつける機能をいい、ホームページに飛び先を書き込んでおいて、その部分をクリックするだけで目指すホームページにジャンプできるようにすることを「リンクを貼る」という言い方をします。リンクを貼ることにより、他人のホームページにある著作物に容易にアクセスすることができるだけに著作権侵害とならないかが問題になります。

結論を先にいえば、リンクを貼ることは、たんに別のホームページに行けること、そしてそのホームページのなかにある情報にたどり着けることを指示するにとどまり、その情報をみずから複製したり送信したりするわけではないので、著作権侵害とはならないというべきでしょう。「リンクを貼る際には当方に申し出てください。」とか、「リンクを貼るには当方の許諾が必要です。」などの文言がついている場合もありますが、このような文言は道義的にはともかく、法律的には意味のないものと考えて差し支えありません。ホームページに情報を載せるということは、その情報がネットワークによって世界中に伝達されることを意味しており、そのことはホームページの作成者自身が覚悟しているとみるべきだからです。リンクを貼られて困るような情報ははじめからホームページに載せるべきではなく、また載せる場合であっても、ある特定の人に対してのみ知らせようと考えているときは、ロック装置を施してパスワードを入力しなければ見られないようにしておけばよいだけのことではないでしょうか。

12 プログラム著作物の利用

　もっとも、クリックすることにより、他人のホームページ上の情報が自分のホームページのフレームのなかに取り込まれるという形式のものであれば、話は別です。このような場合、自分のホームページのなかに他人の情報を複製することになるので、複製権の処理が必要になってくるものと思われますし、また取り込む情報が一部分であるならば、不要な部分をカットしたということで同一性保持権が働く可能性もあるからです。

> **コラム　フリーチサイト**
>
> 　自分自身のサイトにはコンテンツを掲載せず、他のサイトに蔵置された著作権侵害コンテンツへのリンク情報を集めて提供し、利用者を特定のサイトへ誘導することを目的としたサイトのことをいいます。このようなサイトは著作権侵害を助長するものとしてその扱いが問題になっています。間接侵害（その行為自体は権利を侵害するものではないが、権利侵害に利用される可能性が高いため権利侵害とみなされること）の一場合として差止請求を認めるべきだとの意見もあり、間接侵害の取扱いとの関連で文化庁の文化審議会著作権分科会に検討が行われています。

Q106 フリーウェアは著作権を放棄したものと考えてよいでしょうか。

フリーウェアの扱い

　インターネットで入手できるソフトには無償のもの（フリーウェア）と有償のもの（シェアウェア）とがありま

す。後者についてはソフトを作成・提供する者が著作権をもっていることは明らかですが、前者については無償であるということで権利者が権利を放棄したと考えてよいかが問題となります。

　無償で提供するということは、利用者が入手したソフトをどのように複製しようと、またどのように使用しようとも権利者はクレームをつけない趣旨と考えられますので、一見、著作権を放棄したような感じにとられてしまいがちです。しかし、そのように考えるべきではありません。フリーウェアを提供するソフト作成者の意図としては、無償とすることによってこのソフトを広く普及・伝播させ、費用の回収および収益の獲得はバージョン・アップの際に有償にすることで図ろうとしている場合もあると考えられます。またバージョン・アップされたソフトは、ふつうもとのソフトの二次的著作物と考えられますので、たとえば、Aの作成したソフトがフリーウェアとして公表されたときにその時点で著作権が放棄されたものとして扱われますと、AのソフトをもとにBによって作成されたバージョン・アップ・ソフトが利用された場合に、Aは原著作物の著作権者としてこれにクレームをつけたり、使用料を請求したりすることがまったくできなくなるという不利益を受けることとなります。Aはこのような、いわば自分の首を絞める結果となることを自ら容認するはずはないと思われます。したがって、フリーウェアはその作成者が著作権を放棄したものではなく、権利は依然としてもってはいるが、ただその行使を控えているだけだとみるのが作成者の意図に適ったもっとも妥当な考え方ということができましょう。

Q107 翻訳ソフトを製造・販売している会社ですが、当社のソフトを購入した人がこのソフトを使用して著作権者に無断で海外の書

籍を翻訳していたのが分かりました。当社もなんらかの責任を追及されることがあるでしょうか。

> **翻訳ソフトの使用と製造・販売者の責任**

　最近では翻訳ソフトの性能が向上し、便利なツールとして広く利用されるようになってきているようです。そしてこれをパソコンにインストールしてインターネットなどで得た海外の情報を翻訳するケースが次第に増えてきました。著作物を翻訳する際には著作権者の翻訳権が働きますので（著作27条）、この許諾を得て翻訳するのであればなんら問題はありませんが、権利者に無断で翻訳すると翻訳権の侵害として民事上、刑事上の責任を追及されることになるのは、他の著作権侵害の場合とまったく異なることはありません。

　翻訳ソフトを使用して著作物を翻訳する者がこのような責任を追及されるのは当然として、問題なのはその者に翻訳ソフトを製造・販売した者が犯罪行為あるいは不法行為を幇助したとして責任を追及されることはないかという点です。

　結論を先に言えば、原則として責任を追及されることはないといえると思います。というのは、翻訳ソフトの使用者は必ずしも著作権を侵害するとはかぎらないからです。たとえば、保護期間の切れた著作物を翻訳する場合とか、著作物性を有しない文書を翻訳する場合などはもちろん、著作権のある著作物を翻訳する場合であっても、権利者の許諾を得ている場合、さらには私的使用のために翻訳する場合などには著作権侵害とはなりません。したがって、翻訳ソフトの使用者がこのような使い方をするかぎり、当然のことながら翻訳ソフトの製造・販売者の責任が問題となることはありません。

また、翻訳ソフトの使用者が翻訳権の侵害に当たる行為を行ったとしても、翻訳ソフトの製造・販売をした者がその事実をまったく知らなかった場合、あるいはそのような使われ方をすることを予想していなかった場合には、同様に責任を負わされることはありません。このことは金物屋から買った包丁を使って殺人を行った場合に、金物屋が殺人行為の幇助者として責任を負わされることがないのと同じことです。もっとも、製造・販売者がソフトの使用者による権利侵害の意図を知りつつ、あえて販売した場合や、積極的に権利侵害となる翻訳を勧めたという場合（間接侵害）であれば、責任を負わされることになるのは否定できないでしょう。

コラム 8 利用と使用

　利用と使用の語句については一般の用い方とは異なり、著作権法上では特別な意味合いをもって用いられております。すなわち、著作権から派生的に生ずる複製権、上演権、公衆送信権などが保護の対象とする複製、上演、公衆送信などを「利用」といい、それ以外の著作物の価値の享受の仕方、たとえば、読む、見る、聞くなどの行為を「使用」と呼んでいます。もっとも取引実務においては「利用」と「使用」の区別は厳密ではなく著作物利用料というべきなのに著作物使用料という言葉が使われているのが一般です。

　ユーザーが著作物に接するのはそこから情報を得るためです。研究者が論文をコピーするのはそれを読むためであり、音楽愛好家が音楽を録音するのはそれを聞くため、そしてわれわれが展覧会に行くのは展示されている絵画など見るためです。しかし、読む、聞く、見るという行動はあくまでも個人の私的領域に属する問題で、「読

む・読まない」、「聞く・聞かない」などは本人の自由で他人が関与すべきことがらではないうえ、外部からその事実をキャッチすることができない領域でもあります。そこで、著作権はこのようなユーザーによる情報摂取行為には関心を示さず、その一歩手前の複製、上演、展示という著作物の表現方法に権利を及ぼして著作者を保護することに徹しているわけです。

コラム　9　書店での立ち読み

　深夜、コンビニの前を通りかかると、煌々と店内を照らす灯りのもとで、週刊誌か漫画誌を立ち読みしているひとりの若者と手持無沙汰の店員がこれまたひとりいるのを見かけることがあります。

　そういえば、日中はコンビニや書店の雑誌売り場には多くの人がびっしりと並んで読みふける姿が見かけるようになりました。私が子供のころは、本屋で立ち読みしようものなら、止めろとはいわれないまでも、店主が急に書棚にはたきをかけ始めて、暗に出ていけと態度で示されたものでした。確かに本や雑誌は売り物であり、立ち読みされるとその分売れなくなるので、止めさせたいのは当然だといえます。ところが最近では、大型の書店などでは広い売り場のスペースの一部を割いてわざわざソファや簡易椅子などを置いて、客に本を読ませるところもあるようです。これではたして商売になるのだろうかと不思議に思えるほどです。雑誌や新書などの軽い読み物であるならばわずかな時間で読み切ることも可能であるので、なおさらそのように思われます。もっとも、わが国には返品制度があるので、売れなくても書店では実害がないのかもしれません。またコンビニなどでは、客が立ち読みしてくれれば防犯にもなるし、

第7章　著作権の制限

立ち読みの客がたくさんいれば商売繁盛のように見えるところから、あえて外から見える位置に雑誌の売り場を設置しているという話を聞いたことがあります。

　ところで、本を読むという行為は著作物の「使用」に当たります。コラム8で述べたように、著作権が関心を示すのは著作物の「利用」であって、「使用」ではありません。したがって、立ち読みは著作権の及ぶ範囲外のことなので、著作権侵害としてこれにクレームをつけることはできません。なんらかの対策が必要と考えるのであれば、それは著作権以外のところで処理しなければならない問題だといえましょう。

　こんな小咄があります。

「本屋ですが、立ち読みしている人が多いので、立ち読み禁止の掲示を出しました。」

「ほう、それでどうなりましたか。」

「客はしゃがんで読むようになりました。」

　なるほど……

第 8 章

取引の場における著作権

　作者が作品を作るのはそれを公表することによって、自分の考えや思いを世に知らせたい、金銭の取得など問題外だと考えるヒトもいるでしょう。しかし、多くの場合、とくに作者がプロの場合には、それによって生計をたてているわけですから、他人に有償で利用させて収益をあげたいと考えているのではないでしょうか。そのような場合には利用したいと考えるヒトあるいは企業との間で契約を結ぶことが必要となりますが、それにはどのような種類のものがあるのでしょうか。本章ではこれらについて考えていきましょう。

第8章 取引の場における著作権

1 著作物の取引一般

Q108 私が執筆した小説について某出版社から出版の申し出があったのですが、契約のタイプがいろいろあるようなので迷っています。そのタイプの種類と内容の違いについて教えてください。

> 4つのタイプ

出版に限らず、著作物を利用しようという際に著作権者と著作物利用者との間で取り交わす契約には、次の4種類があります。

(1) **著作権の全部譲渡契約** 著作権を構成する複製権、上演権、譲渡権などを一括して丸ごと他人に譲渡する契約です。「著作権の譲渡」といえばこれを指します。譲受人はこれによって著作物をどのようにでも利用することができる強力な権利を取得することになります。ただ著作権契約に不慣れなため必要以上の権利を譲受人に与えてしまう著作権者を保護し、契約内容を再確認させる意味で、著作権法は61条2項において、「著作権を譲渡する契約において、第27条又は28条に規定する権利が譲渡の目的として特掲されていないときは、これらの権利は、譲渡した者に留保されたものと推定する。」との規定を置き、翻案権や二次的著作物利用に関する許諾権を含む著作権の譲渡という表現をとらないかぎり、翻案権と二次的著作物利用に関する許諾権は著作権者のもとにとどまるものとしています。したがって、以下において著作権の全部譲渡という場合には、これらの権利を含むとの特掲があったものとして考えることにします。

(2) **著作権の一部譲渡契約** 著作権を構成する複製権や上演

権などをそれぞれ分離して個別に他人に譲渡する契約です。したがって、著作権者が複製権のみを他人に譲渡すると、著作権者の手元には複製権の欠いた著作権が残るということになります。

(3) **著作物の独占的利用許諾契約**　著作物を一定の範囲内で利用することを他人に認める契約を利用許諾契約または略して許諾契約と呼んでいます。たとえば、AがBに複製の許諾を与えると、Bは晴れてその著作物を複製することができますが、複製権自体はAの保有する著作権のなかにとどまったままです。したがって、AはCに対しても同じ著作物について複製の許諾を与えることができます。しかし、こうなると、Bの複製物とCの複製物とが市場で競合してしまい、Bは（Cもそうですが）大きな不利益を受けることになります。そこでBはAと契約する際に、契約書のなかに「Aは同一著作物につきB以外の者に複製の許諾をしません」旨の1項目を特約として書き加えさせることがあります。このような特約の付いた許諾契約をここでは独占的利用許諾契約または排他的許諾契約と呼び、特約の付かない許諾契約を非独占的利用許諾契約、または略して単純許諾契約と呼ぶことにしましょう。許諾契約は債権契約、つまり契約を結んだ当事者間しか効力のない契約ですから、AがBとの間で複製について独占的利用許諾契約を結んだとしても当事者以外の第三者であるCにはまったく効果はありません。そのためAがBと独占的許諾契約を結びながら、Cとの間でも複製の許諾契約を結び、これによってCが複製したとしてもBはCに対してクレームをつけることはできません。ただ、Aに対しては特約違反を理由に損害賠償を請求できるだけです。AとしてはBから損害賠償請求されたら困りますので、このような特約が付いたときには通

常、Cに許諾を与えることはしないものと思われます。

(4) 著作物の非独占的利用許諾契約　(3)のような特約の付かない許諾契約をいいます。通常、許諾契約といえばこれを指しています。上記の例で、AがBに複製の許諾を与えながら、Cに対して放送の許諾を与えることができるのはもちろんのこと、Cに複製の許諾を与えることもできます。いずれの場合も、Cは契約によって認められた範囲内でだれに憚ることもなくその著作物を利用できることになります。もちろんBがCにクレームをつけることはできませんし、同様にCがBにクレームをつけることもできません。

> 4つのタイプの相違

　それでは、以上4つのタイプには法律上どのような相違があるでしょうか。少し難しくなりますが、読者に民法の知識があるという前提で話を進めていきたいと思います（民法の知識のない方は飛ばして結構です）。以下においては、著作権者Aが出版社Bに対して出版の目的で著作物を利用させるという場合を想定してください。

　まず、性質上の相違についてみてみましょう。

　(3)と(4)は債権契約であって、許諾は当事者しか拘束しない債権的効力をもっているにすぎません。したがって、著作権の帰属自体についての変動はなく、ただBは自分が取得した出版についての権限をAに対して主張できるにすぎません。これに対し、(1)と(2)は、譲渡された権利が終局的にBに帰属し（(2)の場合は複製権のみ帰属する）、その分だけAが権利を失うのであって、Bは取得した権利をAに対して主張できるのみならず、Cなど、すべての第三者に対して主張することができます。ただ、第三者に対し

て主張するためには登録を経ていることが必要です（著作77条、☞ Q119 ）。

(2) と (3) は、実際上の機能において酷似しています。いずれも出版社に対して出版に必要な範囲内での独占的利用が認められており、しかも著作権の帰属自体には変動がないからです。しかし、(3) の場合はBの取得した権利は性質上債権にすぎないのに対し、(2) の場合は準物権としての性質を有するものであって、後に述べるように効力の点では両者はまったく異なることに注意しなければなりません。

次に効力上の相違についてみてみましょう。

(1) と (2) による権利の取得は登録を対抗要件としています（著作77条）。したがって、権利を取得したBがその取得について登録を経由すれば、Bは、Aとの契約によって同一著作物について後に述べる（☞ Q111 ）出版権など出版を目的とするなんらかの権利を取得した第三者に対して、自分の権利をもって対抗することができます。その結果、BはCに対して発行差止請求をすることができるほか（著作112条）、既発行分については損害賠償請求をすることもできることになります（著作114条）。ただ、Cが複製権以外の権利、たとえば上演権、放送権などを取得したにすぎないときは、(1) の場合には自分の取得した権利をもって対抗できますが、(2) の場合には対抗できないのはいうまでもありません。

では、(1) と (2) の場合に登録をしないときはどうでしょうか。上記の例でBが著作権（(1) の場合）または複製権（(2) の場合）の登録をしないとき、BはCに対抗することができません。したがって、BはCに対して発行の差止めを請求したり、損害賠償を請求したりすることはできません。ただ、AB間においては著作権

または複製権はBに帰属していますから、このBの権利をAが違法に侵害したことを理由に、Aに対して不法行為にもとづく損害賠償を請求することはできます。もっとも、Cが背信的悪意者の場合は、民法理論に従いBは登録なしでCに対抗できますので、この場合は登録を経由した場合と同一に考えて差し支えありません。

一方、(3)と(4)は債権的効力しかもっていないのですから、許諾を受けたBがCに対抗することはできず、したがってBはCの出版を甘受しなければならないのは当然です。しかし、Aとの関係はこれと別個に考えなければなりません。(3)では、AがBに出版に関しての独占的利用を保障したにもかかわらず、これに違約してCに出版を求めたものであるので、BはAに対して契約不履行を理由に損害賠償を請求することができますし、契約を解除することもできます。しかし、(4)の場合は、Aに対して損害賠償を請求することはできません。なぜなら、無体物としての著作物の性質上、これに利用は重複・併存することが可能であって、Cの出版によってBの出版が阻害されるというものではないばかりか、(4)の許諾は、Bに対し単にその出版による利用を許したものにすぎないのであって、AによるCなどへの出版による利用の可能性を容認していたものと考えることができるからです。

それでは、まったく権原のないDが同一著作物を出版したときはどうでしょうか。これはBの取得した権利の対外的効力の問題です。これには不法行為にもとづく損害賠償請求をすることができるかという問題と、妨害排除請求をすることができるかの問題とがあります。

まず前者についてみてみましょう。(1)の場合に、Bが自分の取得した著作権が侵害されたことを理由に損害賠償を請求できること

は著作権法114条で明文をもって規定されていますので問題はありません。(2)の場合も、明文はありませんが、Bの取得した複製権は著作権の一部をなすものなので、同条の適用を認めても差し支えないものと考えます。なお、加害者Dは登録の欠缺を主張するにつき正当な利益を有する第三者に該当しませんので、以上すべての場合に登録の有無は関係ないと考えてよいでしょう。問題は(3)と(4)の場合です。この場合にBの取得した権利は債権にすぎないところから、債権侵害による不法行為の成立についての一般法理によって解決しなければなりません。すでに述べたように、著作物は無体物ですから、これの利用が同時に並存・重複することは性質上許されるべきものです。とするならば、著作物の利用を内容とするBの権利も、おのずから第三者（有権限であると無権限であるとを問わない）による利用を認容した権利として理解されなければなりません。Bの権利をこのような性質の権利ととらえるならば、Dの加害行為によって債権の帰属自体が侵害されるということはないはずですし、債権の目的たる給付自体が侵害されるということもないということになります。この点を強調すれば、Dの加害行為に違法性がないという見方も成り立つでしょう。しかしながら、Dの行為は著作権侵害に該当し、これは刑罰法規の適用を受ける行為ですから（著作119条）、たとえ被侵害利益が僅少であっても、加害行為が刑罰法規の適用を受ける行為であるというただそれだけの理由で、違法性ありと認めてもよいものと思われます。したがって、この場合でも、その他の要件を充たすかぎり不法行為にもとづく損害賠償請求は可能だと考えます。

　次に、後者についてみてみましょう。前に述べたように、(1)と(2)は物権的効力を有し、Bの取得した権利は準物権的性質をもっ

たものと考えられますので、これらの場合に妨害排除請求権を認めても差し支えありません。著作権法自体このことを認めております（著作112条）。したがって、Dが登録を受けた場合にはこれを抹消させたり、頒布を行った場合にはそれを停止させ、すでに頒布を終わったものについてはそれを回収させたりすることは、すべて可能です。しかし（3）と（4）については、この場合のBの権利は債権にすぎないところから、おそらくB自身の権利にもとづく妨害排除請求は否定され、Bの救済は著作権者Aの有する請求権の代位行使という迂遠な方法によらざるをえないものと考えます。

| 出版権の設定 |

以上述べたことは放送、上演など出版以外の著作物の利用についても当てはまるものです。そしてBの取得する権利は（1）が一番強く、次いで（2）、以下（3）、（4）とだんだん弱くなっていくことがわかるかと思います。ところが、出版についてはそのほかにさらに出版権の設定というタイプをもう1つ付け加えることができます。これについては後に述べることにしましょう（☞ **Q111**）。

Q109 風景写真の公募がありました。公募要項には、「1等賞金100万円、応募作品の所有権ならびに著作権は当社に帰属します。」とあります。応募したいと考えていますが、心配ないでしょうか。

| 公募の一例 |

昭和39（1964）年7月、朝日新聞社はかねて一般公募していた1等賞金1000万円の懸賞小説の当選者を発表

しました。プロ、アマを問わず応募可能ということで、多くの作品が集まり、なかには著名な作家も応募したとのことでしたが、当選したのは、大方の予想を裏切って北海道旭川市に住む無名の主婦、三浦綾子の作になる「氷点」でした。

1000万円という賞金は当時としては破格の金額でした。現在の貨幣価値に直してみると、おそらく7000万円は下らないのではないでしょうか。いかに宣伝のためとはいえ、はたしてこれで新聞社はペイするのだろうかと当時私はいぶかったものでした。

しかし、これは杞憂でした。確かなことは朝日新聞社に聞いてみないと分かりませんが、おそらく応募要項に当選作の著作権は新聞社に帰属するという項目があったものと思われます。当選者が発表になってからというものは、その賞金が高額なこと、おまけに当選者が一介の無名の主婦であったこと、素材が人間の原罪をテーマにしたものであったことなどから反響を呼び、いわゆる「氷点」ブームが巻き起こって、同年12月にこれが新聞に連載されるや新聞の購読者が激増し、連載終了後に単行本として出版されると大ベストセラーになりました。それだけにとどまりません。その後、内藤洋子主演で映画化、さらにはテレビドラマ化されて42％の視聴率を稼いでおります。映画はビデオ化されて市販されており、最近では「氷点」の再ドラマ化もされています。このような現象から、朝日新聞社はおそらく賞金をはるかに上回る収益を得たのではないかと推測されます。

公募と著作権の帰属

「氷点」の事例にみられるように、本来Aが著作物を作成すると、著作権は自動的にAに発生することになっています。したがって、AがB新聞社の公募に応じてこれをB

に送ったとしても、著作権は A にとどまるのがふつうです。ところが、公募の多くにはその公募要項に「著作権は主催者に帰属する」という記述がみられます。これは著作者に発生した著作権が丸ごとに移転することを意味します。丸ごと移転するとは、著作権から派生的に生じる権利、たとえば複製権、上演権、公衆送信権、上映権などの諸権利がすべて一括して移転することをいうのです。前に述べた例で、A が B 社の主催する公募に当選したとすると、A のその作品についてもっている著作権が B 社に移転することになるため、B 社はこれを印刷・出版することが自由であるのは当然ですが、はじめはハードカバーで出したものを、後になって文庫本として出版することも A に無断ですることが可能です。それだけではありません。C 映画製作会社が映画化を望むとき、D 劇団が演劇化を目論んで上演しようとするとき、さらには E テレビ局がテレビドラマに仕立てて放映しようとするとき、いずれもこれに許諾を与えるのも、また許諾料を受け取るのも B 社であって、A ではないということになります。おそらく「氷点」のケースはこのような例ではなかったかと思われます。

Q109 の場合

Q109 では公募要項に「応募作品の所有権ならびに著作権は当社に帰属します。」と書いてあるそうですが、最近このような表示を伴うのが多いと聞いています。ここで注意していただきたいのは、「当選者の作品」だけでなく、「応募作品」すべての所有権と著作権が主催者側に移転することになっている点です。したがって、落選した場合でも、応募作品の所有権は主催者に帰属しておりますので返してもらえませんし、著作権も丸ごと主催者側に帰属しますので、この作品を作者が別の公募に再度使ったり、

1 著作物の取引一般

あるいはみずから使ったりすることも、いっさいできなくなります。聞くところによりますと、このような形式で公募を行って、「当選者なし」としたうえで、応募作品をすべて独り占めし、これを貸与したり、売却したりすることで利益を得る業者がいるとのことです。したがって、応募の際には十分な注意が必要かと思います。

Q110 パッケージ化されたデジタルソフトを購入しましたが、包装紙の表面に「このソフトは複製禁止です。包装紙を開封した場合にはこの条項を承諾したものと扱います。」との記載がありました。この条項に拘束されるのでしょうか。

契約による私的使用のための複製の禁止

著作権法1条は立法の目的として著作者の利益保護を第一義として掲げているところからすれば、一般に著作者にとって有利な契約は有効と解すべきものと思われます。この観点から考えますと、著作権法30条1項の私的使用のための複製の自由を定める規定は、著作者のもっている権利の範囲を狭めるもので、著作者にとっては不利な規定ですから、これを排除する私的複製禁止の特約はむしろ立法者の本意に適うものとして有効として扱うべきではないかと考えます。もっとも、この特約は利用者の利益に反するものであることはいうまでもないところです。したがって、利用者の承諾の意思表示が明確になされていることが必要です。

Q110のように、ソフトを包装紙でくるみ、その表面に複製禁止などの約款が表示されていて、さらに「ラッピングを外して使用したときはこの約款を承諾したものと扱います。」という注意書きが付されているもの（このような契約をシュリンクラップ契約といいま

す）をよく見かけますが、包装紙を破っただけで約款を承諾したものとして扱うという契約の有効性については、いささか疑問のように思われます。なぜなら、ユーザーとしてはソフトを使用してみてはじめてそれが自分の欲した性能を有するものか否かを知ることができるのであって、包装紙を破る行為はたんに使用のための前提であるにすぎず、これを約款承諾の意思表示とみるのはかなりの無理があると考えられるからです。

2　出版権の設定

Q111 私は小説家ですが、今回本を出版するにあたり出版社から出版権設定契約を結びたいといわれました。ほかの契約とどのような違いがあるのでしょうか。

出版権とは

　　著作権者（著作権者のほかに、著作権者から複製権または公衆送信権の譲渡を受けた者を含めて法文では「複製権等保有者」と呼んでいますが、ここではわかりやすくするため、便宜上、著作権者という言葉を使用することにします）と出版者との間の出版権設定契約によって出版者の取得する権利を出版権といいます。

　これまで出版とは、印刷による紙媒体での提供しか考えられなかったのですが、最近の技術の進展により電磁的記録媒体に記録してこれを公衆送信という形式で提供できること（いわゆる電子出版）が可能になったため、平成26（2014）年の著作権法改正によって、これをも含む形で出版権の内容が改められました。したがって、出版権は、①頒布目的で著作物を原作のまま印刷その他の機械的また

は化学的方法により文書または図画として複製する権利（これには原作のまま電磁的記録媒体として複製する権利、つまりCD－ROM等による出版の権利も含まれます）と、②原作のまま電磁的記録媒体に記録された複製物を用いて公衆送信を行う権利、つまりインターネット送信による電子出版の権利とから成り、この双方あるいは一方のみを契約によって出版者に設定することができることになりました（著作80条1項）。出版権を取得した出版者はみずから複製または公衆送信するのが原則ですが、著作権者の承諾を得た場合に限り、他人に対して出版権の目的である著作物の複製または公衆送信を許諾することができます（著作80条3項）。この改正は、平成27（2018）年1月1日から施行されます。

出版権の存続期間については設定行為において任意に定めることができますが、その定めがないときは、設定後最初の出版行為等があった日から3年間存続することになっています（著作83条）。存続期間が終了すると出版権の中味は著作権のなかに復帰し消滅します。出版権は著作権者の承諾を得た場合に限り他人に譲渡・質入することができます（著作87条）。また譲渡・質入を第三者に対抗するには登録が必要です（著作88条1項）。

なお、出版権は出版者に権利を与えますが、著作権法は出版権を取得した者に、①6月以内の出版または公衆送信の義務（著作81条1号イ、2号イ）、②継続出版または公衆送信の義務（著作81条1号ロ、2号ロ）、③再販発行の通知義務（著作82条2項）を課し、著作権者との利益のバランスを図っています。

| 著作権の譲渡・複製の許諾との相違 |

出版権は著作権者と出版社との出版権設定契約によって出版社に発生する権利で、契約によって定められた範

囲内で出版のために著作物の直接的支配を許す権利ですから、その性質は準物権的権利であり、登録によって第三者にも対抗できる強い力をもった権利といえましょう。それでは、著作物の利用形態として先に述べた「4つのタイプ」（☞Q108）と比較するとき、どのへんに位置付けられるでしょうか。いま著作権者をA、出版社をBとし、文書としての出版権の設定をタイプ（5）として上述（1）～（4）と比べてみますと、ちょうど（2）と（3）の間に（5）が入ると考えてよいと思われます。（5）は、Bに出版についての独占的権利を与え、登録することによって第三者に対抗できるという点では（2）とまったく同様で、（3）（4）より強い力をもっていますが、（2）と違う点は、①Bの取得する権利が（5）の場合は出版に限られるのに対し、（2）では複製全般に及ぶというように権利の内容に差があること、②（5）の場合の出版権は期限付きでBに独占的権利を与えるものにすぎず、設定契約の際に特別の取り決めがないかぎり、設定後最初の出版行為等のあった日から3年で消滅するのに対し（著作83条）、（2）の場合のBの取得した複製権には存続期間というものはないこと、の2点で、いずれの点でも（5）は（2）より力が弱いということになります。

Q112 出版社Aは、著作者Bとの出版権設定契約にもとづきBの小説を出版していましたが、このほどC映画会社から映画化の話が持ち込まれたので、Bに無断でこれに応じました。Bはこれに対し、どのような救済手段をとることができるでしょうか。

著作物の二次使用

出版権設定契約によってAの取得する権

利は著作権法80条1項で定められているように文書または図画として複製する権利と電磁的記録媒体を用いて公衆送信を行う権利にとどまります。したがって、映画化権を含むその他の利用権はBのもとにある著作権のなかに含まれていますので、AC間に映画化許諾契約または映画化権譲渡契約があったとしても、Aのもっていない映画化権にもとづくものですからAC間の契約は無効です。したがって、BはCに対して侵害の停止または侵害予防を請求できると同時に、侵害行為によって組成された上映用フィルムの廃棄など侵害の停止または予防に必要な措置を請求することも可能です。さらにそのうえ、Bの受けた損害の賠償を請求することも許されています（著作114条）。

Q113 著作権者Aの著作物について出版権を取得したBは、C社の強い要望で出版権を譲渡したいと考えています。この場合にAの承諾は必要でしょうか。また出版権の譲渡の対抗要件として登録が要求されているようですが、これとの関係はどうなっているのでしょうか。

出版権の譲渡

　出版権は準用益物権としての性質を有する権利ですから、譲渡できるのは当然です。しかし、著作権者Aは出版権設定契約を結ぶ際には相手方である出版者Bの知名度とか社会的信用度とかなどを考慮し、Bならば安心して出版を任せられると考えて態度を決定しているわけですから、これがAの関知しないところでCに譲渡されるとAは思惑がはずれて大きな不利益を受ける可能性が出てきます。そこで著作権法は、出版権は著作権

者の承諾を得て譲渡することができると規定しています（著作87条）。

著作権法87条は出版権の譲渡につき、全部譲渡の場合と一部譲渡の場合とを区別して扱っていません。したがって、いずれの場合にも著作権者の承諾は必要です。

著作権者Aの承諾を得ない出版権の譲渡は譲渡当事者であるBC間においては有効ですが、Aには対抗できないと解すべきものと考えます。したがって、Cの出版行為はAとの関係では不法のものとなり、AはCに対して発行差止めを請求できることになりましょう。

　　出版権の譲渡の対抗要件

出版権の譲渡については著作権者の承諾が必要とされ、他方、第三者に対する対抗要件として登録が要求されていますが、両者の関係についてはどのように考えたらよいのでしょうか。

この問題に関しては、著作権者に対する関係と、著作権者以外の第三者に対する関係とに分けて考える必要があります。まず、著作権者に対する関係をみてみましょう。前に述べたように、出版権の譲渡の際に著作権者の承諾が必要とされていることから考えて、著作権者との関係においては承諾があればよく、登録は必要ないと考えるべきです。したがって、たとえ登録がなされていても著作権者の承諾がないかぎり、譲受人は出版権の取得を著作権者に対抗できないことになります。次に、著作権者以外の第三者に対する関係をみてみましょう。著作権者以外の第三者とは、出版権を二重に譲り受けた者、出版権に対して質権を取得した者などをいいます。これらの者との関係においては、出版権の譲受人は登録なしには対抗できないと解すべきものと考えます。なぜなら、出版権の譲渡は著作

権者の承諾の有無にかかわらず譲渡当事者間では有効であり、同じことは出版権者と出版権の第二譲受人、あるいは出版権者と質権者の間についてもいえるのであって、出版権の譲受人とこれらの第三者とは、登録の有無またはその先後によってのみ優劣を決しうる関係にあるからです。

Q114 私は自然科学系の大学に勤務する学者ですが、このたび長年の研究の成果をまとめて出版することになり、某出版社のもとで出版の作業が着々と進められております。ところが、私の研究の根底にある仮説が間違っていることに気づきました。本が出版されてしまいますと、私のこれまでの名声が崩れてしまいそうです。出版を取り止めることができるでしょうか。

確信変更にもとづく出版権消滅請求権

　いったんは公表を決意した著作物であっても、その後に著作者に確信の変更が生じ従来の形式のままでの頒布に苦痛を感じるようになった場合とか、公表した著作物が非難もしくは悪評を被りそのために著作者としての名声が著しく傷つけられた場合とかにおいて、出版による金銭的な利益が期待できる状態であるにもかかわらず、著作者としては出版の廃絶（絶版）を強く望むという場合があるものです。このような著作物の人格的利益にもとづく要求を保護するため、著作権法は出版を廃絶するための出版権消滅請求権を著作者に与えております（著作84条3項）。したがって、この出版権消滅請求権はその性質上、著作者人格権の一種であると考えられます。このような権利はドイツにおいて確信変更にもとづく撤回権として著作物利用契約を解除することを著作者に認

めており、わが国においても旧著作権法において認めていたものが（旧著作28条の8）、現行法においても受け継がれているものです。この権利を行使する際には、相手方の同意は必要なく、一方的な意思表示によって契約を破棄することができます。ただ、法文上は出版権が設定された場合についてだけ認められているだけで、出版の場合でも出版許諾契約にとどまる場合とか、出版以外の著作物利用契約の場合、たとえば放送会社に放送の許諾を与えた後になって確信が変更した場合などにおいては、規定がないために契約の破棄は許されないように思われます。しかし、この権利は著作者人格権の一種と考えるのであれば、確信変更にもとづく出版権消滅請求権の規定を類推してすべての場合にこの権利の行使を認めるべきではないでしょうか。なお、この権利を行使した場合に出版社側に大きな経済的負担をかけることになりますので、この権利を行使する際には、法は廃絶によって出版者側の受ける通常生ずべき損害をあらかじめ賠償しなければならないとして両者間の利益の均衡を図っています（著作84条3項ただし書）。

Q115 印税と原稿料とはどのように違うのでしょうか。

印税とは

印税と原稿料はいずれも、著作物使用の対価として出版者から著作権者に支払われる金銭その他のものである点では共通ですが、その対価が、前者においては定価の百分比（％）によって決せられるのに対し、後者においては原稿用紙の枚数によって決せられる点で相違があります。前者は多く書籍出版の場合に使用され、後者は雑誌などの定期刊行物の場合に使用される例が多

いようです。また後者は1回払いで買い切り制が原則であるところから、著作権の譲渡あるいは複製権の譲渡がなされたものと推定されることもありますが、前者にはこのような推定は許されません。しかし、概念的にはいちおう両者をこのように区別することができても、実際にはこの両者の中間に位するもの（たとえば、一定部数までは原稿料計算で、それを超えるときは印税計算による場合など）とか、「原稿料」と銘打ちながらも印税計算によって支払われるものなどがあり、厳密に区別することは困難です。したがって、印税か原稿料かは、それぞれの場合に応じて契約の全趣旨を総合して判断しなければならない問題だといえます。

印税は定価の百分比によって決められますが、この百分比を印税率といいます。印税率は出版部数すべてについて同一率であるとは限りません。版数を重ねるごとに、あるいは一定の発行部数ごとに率を変える場合もあります（たとえば、初版○％、再販○％、3版○％とか、発行部数○○○部まで○％、○○○部から○○○○部まで○％、○○○○部以上は○％、など）。印税支払いの方法には、①検印数に印税率を乗ずる方法、②発行部数または製本部数に印税率を乗ずる方法、③ある部数を最低保証部数として印税率を乗じ、それ以上の部数は純売上部数に印税率を乗ずる方法、④純売上部数に印税率を乗ずる方法、などです。このうち著作権者にとって有利なのは①および②であり、出版社にとって有利なのは③および④です。いずれの方法をとるにせよ詳細な取り決めをしておくことが望ましいといえます。

Q116 タブレットやスマートフォンの普及により電子書籍が権利者に無断で流通するようになってきましたが、出版者としてはこれを阻止することができるでしょうか。

第 8 章　取引の場における著作権

> 出版者のとるべき方法

　　　　　　　　　　　　　ご指摘のように電子書籍時代の到来となり、タブレットやスマートフォンなどを使用して電子書籍が気軽に読めるようになってまいりました。そしてこれに伴い、紙媒体で作られている書籍を権利者に無断でスキャンしてそれが使用されるといった現象が発生してくるようになりました（☞ **Q78**）。これによって一番被害を受けるのはいうまでもなく出版者です。出版者が自らの手でこれを阻止するには現行法上どのような手段があるでしょうか。

　まず考えられる手段としては、著作者から著作権の全部またはその一部としての複製権・自動公衆送信権などの権利を譲り受けるという方法です。しかし、この方法は、著作者が権利を失うことを嫌う傾向があるため、ほとんどの場合不可能といってよいようです。

　次に考えられるのは出版権設定契約を著作者と結び出版権を手に入れるという方法です。出版についての独占的な権利を出版者が獲得できるという点では複製権を譲り受けるという場合とそれほど異ならないうえに、一定期間経過後は消滅し、著作者のもとに復帰するものなので、著作者の同意が比較的得られやすいという長所をもっています。

> 電子出版権制度の誕生

　　　　　　　　　　　ところが、これまでのわが国の著作権法では電子書籍の登場などということはまったく予想していなかったために、出版権というのは、頒布の目的をもって、著作物を原作のまま印刷その他の機械的または化学的方法により文書または図画として複製する専有権、つまり文書としての出版に限定した権利となっていたのです。しかし、これでは海賊版の電子書籍が出回っても出版者が差止請求をすることができないという問題が生じ、これを解

決するための立法化の提案がいくつか提示されてきました。このなかでもっとも有力な提案は、出版者に著作隣接権（☞ **Q120**）としての新しい権利を創設するという案と、従来の出版権制度に手を加え電子出版にも対応できるように整備しようという案でした。前者は、現在、著作隣接権者として保護されている実演家、レコード製作者、放送事業者、有線放送事業者と同様に、出版者も著作者と一般大衆の間にあって著作物の内容を伝達する媒介者としての役割を果たしているのであるから著作隣接権者として保護すべきであるとするものです。この考え方の長所は、著作権とはまったく別個の権利として出版者に権利を創設するもので、著作権者との間で設定契約を結ぶ必要はなく、著作者に気兼ねすることなく差止請求などの権利の行使が可能な点です。これに反し短所は、電子書籍の利用者は著作者だけでなく出版者からも許諾を受けなければ適法に利用できないという二重の手間がかかるうえ、そもそも出版者を著作隣接権者として保護することは著作隣接権条約に規定は無く、国際的保護は受けられないのではないかとの指摘がなされていました。その結果、文化庁の審議会で後者の提案を中心に検討が進められ、平成26（2014）年の法改正によって従来の出版権のなかに電子出版権が追加されるという形で決着がつきました。したがって違法な電子出版物の横行を阻止するためには、出版者は著作権者と出版権設定契約を結んで電子出版権を手に入れておけば、この出版権によって差止めが可能となりますのでお勧めします（著作112条）。ただ、ここで注意を要するのは、**Q111**で述べたように、出版権の内容として、印刷物としての出版権と電子媒体としての出版権の2つから成っているので、設定契約の際にその双方を選ぶか、電子出版権のみを選ぶかをはっきりさせなければいけないということです。それから、

これまで著作権者との間に出版権設定契約を結んでいる場合であっても、これまでの出版権は印刷物としての出版権にすぎなかったので、改めて電子出版権を対象とした出版権設定契約を結んでおかないと **Q116** の場合に対応できなくなりますので注意が肝要です。

3　裁定による利用

Q117 名著の復刻版を作成しようと考えている出版社ですが、残念ながら著作権の継承者がだれであるか分からないものがあります。権利をクリアするにはどうしたらよいでしょうか。

著作権者不明の場合の裁定制度

　　すでに述べたとおり（☞ **Q70**）、著作権の保護期間が経過した著作物については著作権が消滅していますので、自由に使ってかまいませんが、経過していないものについては、著作権者の許諾を得る必要があります。しかし、発行後相当期間が経過した著作物については、**Q117** のように著作権継承者が判然としないという場合が出てきて復刻版の計画が頓挫してしまうことになりかねません。そこで著作権法はこのような場合の便法として、著作権者の許諾のかわりに文化庁長官の裁定によってクリアできる途を開いております。

　とはいえ、この途も決して簡単なものではありません。裁定を受けるためには、「著作権者の不明その他の理由により相当な努力を払ってもその著作権者と連絡することができない場合として政令で定める場合」に該当しなければならないからです（著作67条1項）。言語著作物の場合を例にとって「相当な努力」をしたといえる場合

をみてみますと、①権利者の名前や住所等が掲載されている名簿・名鑑類の閲覧（たとえば、著作権台帳、日本紳士録、文芸年鑑などによる調査）、②ネット検索サービスによる情報の検索、③著作権等管理事業者（たとえば、日本文芸家協会、学術著作権協会、出版者著作権管理機構など）への照会、④利用しようとする著作物と同種の著作物の販売等を行う者への照会、⑤利用しようとする著作物の分野に係る著作者団体への照会、⑥広く一般に対して権利者に関する情報提供を求めること（たとえば、日刊新聞紙に掲載したり、著作権情報センターのホームページに掲載したりすること）、のすべて方法をとることが要求されています。以上の方法をとってみたが権利者が不明であったとき、文化庁長官に対して裁定の申請をすることができます。裁定の申請を受けた文化庁長官は審理の結果、著作物の利用を認めるのが相当と判断した場合には裁定しなければならないことになっており、この裁定は著作権者の許諾と同等の効果をもつことになります。ただし、著作権者の財産的利益を保護するため、利用者は通常の使用料の額に相当するものとして文化庁長官が定める額の補償金を支払うことが義務づけられていますので、これの供託があってはじめて、著作物の利用が可能となります。

　しかしながら、裁定が下りるまでにはかなりの時間がかかり、この間復刻の作業が停滞するなどの不満が生じたため、平成 21（2009）年の法改正により、文化庁長官が定める額の担保金を供託すれば、裁定をまたずに著作物の利用ができることになりました（著作 67 条の 2）。

4 著作権と時効

Q118 作者としてAの名前で発表されている小説が、実はAの弟子であるBの創作によるものであることが発表後30年経った最近判明しました。Bはすでに死亡していますが、Bの子息が著作権は自分が相続したものであると主張したのに対し、AはBが創作した事実は認めたものの、時効取得したとか、Bの著作権は時効消滅したとか言って取り合ってもらえません。そのようなものなのでしょうか。

著作権の時効取得　　民法は、所有権以外の財産権について、自己のためにする意思をもって平穏かつ公然に財産権の行使をするとき、10年（善意・無過失の場合）または20年（悪意または有過失の場合）の経過により、行使者はその財産権を取得できるものとしています（民163条）。ここにいう財産権のなかに著作権が含まれることについては当然のことと一般に理解されているようです。自己のためにする意思をもって行使するとは、事実上その財産権の権利者としての行動または状態が継続することをいい、具体的にはその財産権の性質等に応じて個別に判断されなければならないとされています。これでいけば、**Q118**のように、実際にはBの創作によるものであるにもかかわらずAが著作者として表示され、その状態が30年も継続しているというのですから、Aが自己のためにする意思で著作権を行使していたと解されると思われます。そしてAはBが創作したものであるということを知っていたというのですから悪意で行使していたことになり、20年の経過によって著作権

を時効取得したということになります。民法の建前からいえば以上のようになるのではないでしょうか。

> 著作権に取得時効の成立を認めるべきか

　本来、取得時効制度は有体物を前提とした制度です。有体物はその性質上同時に複数の場所で、しかも別々の人で利用することはできないのですから、Ｂ所有の物をＡが所有の意思で無断占有している場合にＢがその事実を知らないということは、まずありえないということができましょう。したがって、Ａの使用を長期間にわたって黙認していたＢは、いわば権利の上に眠る者として保護に値しないという評価が成り立ちうるのであって、そこに所得時効制度が是認される根拠があるといえます。ところが、著作権の場合は、その対象となるのが無体物としての著作物であって、これはその性質上、同時に複数の場所で、しかも別々の人によって利用することが可能ですから、著作権者Ｂがみずから著作権をある場所で利用していても（したがって権利の上に眠ってはいない）、Ａが別の場所でそれを利用しているということを知らない場合も少なくないと考えられます。それなのにＡに著作権の時効取得を認めるのは、Ｂにとって酷であるばかりでなく、取得時効の制度の趣旨にも反することになるのではないでしょうか。したがって、取得時効制度は有体物を前提とするものであって、無体物、とりわけ著作物については適用はないもの考えるべきではないかと考えます。このことは、次のことからも裏付けられるのではないでしょうか。1つは、民法が制定されたのは明治29（1896）年であり、著作権法が制定されたのは明治32（1899）年であるところからすれば、民法典起草者が民法163条の「所有権以外の財産権」の規定を設ける際、そのなかに著作権を含めることはまったく念頭になかっ

たのではないかと思われることです。さらに、もう1つ付け加えることもできます。著作物はそれを創作した著作者個人の財産であると同時に、人類共通の文化財産としての性格をもっています。それにもかかわらず著作者に著作権を与え著作物の独占的行使を一定の期間与えるのは、創作の労に報いるために国家によって与えられたもの、つまり一種の褒賞であると観念することができます。したがって、著作権は著作者一個人に帰属すべきものですが、これの譲渡が認められるのは著作者がそれを望んでいるからであり、また相続が認められるのはそれが著作者の意思に適うからです。このようにみてきますと、著作者の意思とは無関係に権利の帰属を認める取得時効の制度は著作権になじまないと解するのが妥当だといえるのではないでしょうか。

著作権の時効消滅　民法は、「債権又は所有権以外の財産権は、20年間行使しないときは、消滅する。」と規定しているところから（民167条2項）、著作権も財産権の一種として時効によって消滅するとの考え方があります。しかし、保護期間を死後50年と法定している著作権法の趣旨から考えると、消滅時効にかかることはありえないと解すべきものと思われます。最近の通説もそのように解しています。ただ注意していただきたいのは、著作権に取得時効の適用を認める立場に立ったとき、著作権の時効取得の反射的効果として消滅することはありますが、これは消滅時効にかかったということではありませんので、念のため付言します。

5 登録

Q119 著作権にも登録制度があると聞きましたが、どのような働きをするのでしょうか。

著作権の登録

著作権は著作物が作成されると自動的に著作権が発生するので、登録によってはじめて権利が発生する特許権とは大きく異なり、登録は効力発生要件とはなっていません。しかし、次に掲げるいくつかの目的のために登録制度が維持されています。

(1) **権利の変動を公示するための登録** これには、①著作権の移転、信託による変更または処分の制限の登録（著作77条1号）、②著作権を目的とする質権の設定、移転、変更、消滅、または処分の制限の登録（著作77条2号）、③出版権の設定、移転、変更、消滅、または処分の制限の登録（著作88条1項1号）、④出版権を目的とする質権の設定、移転、変更、消滅、または処分の制限の登録（著作88条1項2号）があります。これらの登録は、第三者に対して対抗力を取得するために必要なものです（著作77条、88条）。たとえば、AからBに著作権が譲渡された場合に、B名義に著作権移転登録がなされていなければ、AからCに著作権が二重譲渡されたときにBはCに対して自分が著作権者であることを主張することができず、かえってAからCへの移転登録が先になされてしまうと、BC間の争いはCの勝ちに終わってしまうことになります。つまり二重譲渡の場合においては契約締結の先後関係が重要なのではなく、先に登録をしたほうが優先するということになるわけです。

(2) **実名登録**　無名または変名で公表された著作物は、その実名の登録を受けることができます（著作75条）。この登録は次の2つの点で意味をもっています。①まず、保護期間延長の効力をもつということです。無名・変名の著作物の保護期間は著作物の公表後50年ですが（著作52条1項）、実名の登録があったときは著作者の死後50年に延長されるからです。ただし、この登録は公表後50年以内に行われなければなりません（著作52条2項2号）。自分の名前は公表したくないが保護期間は長くしたいという場合には有効な方法といえます。②実名の登録がなされている者は、その著作物の著作者としての推定を受けます（著作75条3項）。だれが著作者か争いになった場合に有効に機能します。実名登録は著作者本人のみが行うことができます。かりに著作権がすでに譲渡されてしまった場合であってもそうです（著作権75条1項）。

(3) **第一発行（または公表）年月日登録**　著作権者または無名・変名の著作物の発行者はその著作物について第一発行年月日または第一公表年月日の登録をすることができます（著作76条1項）。無名・変名著作物や映画著作物などの保護期間の基準となる「著作物の公表の時」を公示する意義をもっています（☞**Q70**）。

(4) **創作年月日登録**　プログラム著作物に特有なもので、創作後6か月以内に著作者の申請によってなされる登録です。この登録がなされると、その登録にかかる年月日に創作がなされたものとの推定を受けることになっています（著作76条の2）。

なお、登録事務は（4）を除いていずれも文化庁著作権課が行いますが、（4）についてはプログラム著作物の特殊性から「プログラムの著作物に係る登録の特例に関する法律」によって処理されることになっており、実際には一般財団法人ソフトウエア情報センター

がその事務を行っています。

第9章

著作隣接権

　わが国の著作権法には「著作隣接権」という奇妙な名前のついた一群の規定を置いております。規定の中味をみると、著作権とかなり似ておりますが、著作権とくらべると保護の度合いが少し希薄なように感じられます。著作隣接権が認められるのは実演家、レコード製作者、放送事業者と有線放送事業者のようですが、なぜこれらの者が著作者と区別されているのでしょうか。

第9章　著作隣接権

Q120 著作隣接権とはどのような権利でしょうか。

著作隣接権とは

著作隣接権というのは、実演家（俳優、舞踏家、演奏家、歌手などの実演を行う者、および実演を行う者を指揮・演出する者）、レコード製作者（レコード原盤の製作者）、放送事業者（放送を業として行う者）および有線放送事業者（有線放送を業として行う者）の経済的利益を保護するための権利の総称です。これらの者は通常、著作者の作成した著作物を一般公衆に伝達する役目を担っており、著作者と密接な関係をもっているため、わが国においてはこれまでしばしば著作者と混同されていました。しかし厳密にいうと、これらの者は著作物を利用する者で著作物を作成する者ではないため、本来は著作者と区別して扱わなければならなかったのです。この点、ヨーロッパの国々をはじめ多くの国では、これらの者は著作者ではないという理由で著作権で保護しないのが通例でした。しかし、第二次大戦後、録音・録画技術の急速な進展に伴いこれらの者を保護する必要が生じてきました。そこで著作権の枠外において著作者とほぼ同様の利益を与えることを目的とした新たな権利を設定する動きが生ずるようになり、このようにして生み出された権利が著作隣接権または隣接権といわれるものです。この名称は著作権に隣接する権利であるという意味で付けられたものです。

実演家などを保護する条約を作ろうという考えは戦前からあったといわれていますが、とくにそれが進展したのは戦後にいたってからであり、1961年にローマにおいて「実演家、レコード製作者及び放送事業者の保護に関する国際条約」（略して「実演家等保護条約」または「隣接権条約」と呼ばれます）が成立し、これを契機に各国に

おいて保護が具体化されるようになりました。

　このような条約の動きをみたわが国は、現在の著作権法の立法時において、いずれわが国もこの条約に加入することになるであろうと考え、この条約の内容に即した形で「著作隣接権」の章を設けて対処いたしました。したがって、わが国では国内の新著作権法が成立したとき、ただちにこの条約に加入することもできたわけですが、実際に加入したのは20年も経過した1988年になってからです。このように手間取った理由としては、①新たに国際的に導入された著作隣接権制度が国内において定着するには時間がかかり、その定着状況を見極めることが先決であったこと、②わが国の新著作権法制定当時、同条約の締約国は11か国にすぎず、著作隣接権制度が国際的に定着しているとはいえない状況にあったこと、などが指摘されています。なお、同条約が著作隣接権として保護しているのは、実演家、レコード製作者、放送事業者の三者ですが、わが国はこれに有線放送事業者も付け加えております。

著作隣接権の内容

　　　　　著作隣接権者の種類によって与えられている権利の性質や種類が違っています。いま権利の性質によって区分してみましょう。

　(1) 著作権から派生する権利と同様、許諾権としての性質をもつ権利（法文ではこれを著作隣接権と呼んでいます）

　　実演家――――→実演の録音権、録画権、放送権、有線放送権、送信可能化権、譲渡権、貸与権（政令で定める期間内に限る）

　　レコード製作者→レコードの複製権、送信可能化権、譲渡権、貸与権（政令で定める期間内に限る）

放送事業者　　　　　→放送の複製権、再放送権、有線放送権、送信可能化権、テレビジョン放送の伝達権

　　　有線放送事業者　　　→有線放送の複製権、放送権、再有線放送権、送信可能化権、有線テレビジョン放送の伝達権

(2) 報酬請求権としての性質をもつ権利

　　　実演家　　　　　　　→商業用レコードの二次使用料請求権、期間経過後商業用レコードの貸与に関する報酬請求権、私的録音・録画補償金請求権

　　　レコード製作者　　　→商業用レコードの二次使用料請求権、期間経過後商業用レコードの貸与に関する報酬請求権、私的録音・録画補償金請求権

(3) 人格権としての性質をもつ権利（法文ではこれを実演家人格権と呼んでいます）

　　　実演家　　　　　　　→氏名表示権、同一性保持権

| 著作隣接権の保護期間 |

　著作隣接権の保護期間は、実演については実演を行ったとき、レコードについては音を最初に固定した時、放送・有線放送については放送・有線放送を行った時から、それぞれ50年となっています（著作101条）。したがって、著作権のように死後50年までという考え方はとられていませんので、実演家の場合、その保護期間は著作権者の場合に比べ、かなり短くなっている

ことに注意が必要です。

Q121 最近、物まねを芸人が多く登場し、歌手や俳優の声を巧みにまねて人気を博してきているようですが、これは本人の著作隣接権に抵触することにはなりませんか。

物まねと著作隣接権

著作権法は、実演家について、「俳優、舞踊家、演奏家、歌手その他実演を行う者及び実演を指揮し、又は演出する者をいう。」と定義し（著作2条1項4号）、また実演については、「著作物を、演劇的に演じ、舞い、演奏し、歌い、口演し、朗詠し、又はその他の方法により演ずること（これらに類する行為で、著作物を演じないが芸能的な性質を有するものを含む。）をいう。」と定義しています（著作2条1項3号）。したがって、**Q121**の歌手・俳優は実演家として著作隣接権の保護を受けることになります。そして、録音権、録画権、放送権、有線放送権、送信可能化権、譲渡権、貸与権が認められていることは**Q120**で述べたとおりです。ただここで注意しなければならないのは、保護を受けるのはあくまでも実演家本人の歌唱や口演についての録音・録画や、放送・有線放送なのであって、他人による物まねについてまで及ぶものではないということです。物まねのなかには、聞いていて本人かと間違うほどの巧みな実演を行う者がおりますが、実演家本人による歌唱、口演などでないかぎり、法的にはフリーということになります。また似ていても本人のそれとは多少違うという場合に同一性保持権との関係が問題となりますが、同一性保持権は実演家本人の歌唱行為や口演行為自体の変更、切除その他の改変を予定して設けられた権利

第9章 著作隣接権

であり、他人による模倣まで考慮して作られた権利であるということはできないと思われます。物まね芸人のなかには実演家本人の特徴をことさらに強調して聴衆の笑いを誘うといった芸風を持ち味としている者があり、本人に不快の念を与える場合もあるかと思います。このような場合には民法の名誉毀損に当たる行為として損害賠償を請求するなどの手段に訴えることができますが、考えようによっては、他人に自分の芸風が真似をされるほど有名なのだと大目にみる寛容さも時においては必要なのかもしれません。

Q122 往年の名画がテレビで何回も放映されたり、DVD化されて市販されたりしていますが、出演した俳優にはまったく報酬が支払われていないと聞きました。そうなのでしょうか。

ワンチャンス主義とは

　映画の俳優は実演家ですから、著作権法により、実演の録音・録画権、放送権、有線放送権、送信可能化権を専有しています。したがって本来であれば、俳優の演技が収録された映画著作物が放送されたりDVD化されて市販されたりする場合には彼らの許諾が必要で、その際に俳優は許諾と引換えに報酬を請求することができるはずです。ところが実際にはそうなっていません。いったん実演家の許諾を得て映画著作物に録音・録画された実演については、録音・録画権（録音物の作成を除く）、放送権、有線放送権、送信可能化権、譲渡権は働かないものと法が規定しているからです（著作91条2項、92条2項2号ロ、92条の2第2号ロ、95条の2第2項2号）。つまり、俳優が劇映画の制作の際に自分の演技が映画のなかに収録されることを許諾すると、あとは完成したその

映画の利用についてのいっさいの権利を失うというもので、これは一般にワンチャンス主義と呼ばれております。映画にはたくさんの俳優が作成に関与しており、これらの人たちが映画の利用の際にいちいち口を挟むことができるということになると、映画の円滑な利用に支障を来たすというところから、実演家等保護条約がこの趣旨を定め、わが国もこれに即した形で立法がなされています。したがって、**Q122** のようなケースが出てくることになるわけです。俳優がこのような事態を避けようとするのであれば、映画出演契約を結ぶ際に、映画作成後の録音・録画物の利用についての諸場面を想定したうえで出演料の交渉に入り、気に入らなければ出演を断わる（つまり、実演の録音・録画の許諾を拒否する）という方法をとるしかないと考えます。ただ、このような方法をとれるのは力のある著名な俳優に限られるのが実情ではないでしょうか。

Q123 CDレンタル店を利用していますが、最近米国の新着 CD がみられないように思われます。なにか理由があるのでしょうか。

CDレンタル店の登場の理由

　　CDレンタル店は、貸レコード店として昭和 55（1980）年に東京都武蔵野市に登場したのが最初です。その後急成長し、同 59（1984）年には 1800 店、同 60（1985）年には 3000 店に達し、その後さらに右肩上がりに発展するという勢いを示しました。このような急成長を遂げるにいたった原因には、次の 2 つが考えられます。1 つは、若年層の絶大な支持を受けたことです。お小遣いの乏しい若者にとっては 1 枚 2000 ～ 3000 円もするレコード（当時は LP）を度々買うことはできませんが、レンタル店を利用す

ると、わずか300〜400円で借りることができ、これを自分の持っているオーディオ機器を使用して録音することにより自分のものとすることができます。どうせ曲のはやりすたりは激しいからとくに買う必要はなく、何回も聞いて飽きれば消去して、また新しいレコードを借りればいい、というのが若者の考え方です。オーディオ技術の急速な進展によって原盤と音色のほとんど変わらない録音が可能となり、この性能のいいオーディオ機器が家庭内に普及していたことが、レンタル利用現象に拍車をかけたといってもよいでしょう。2つは、レンタル店の利用が当初、合法的な行為であったからです。市販されているレコードを購入してこれをレンタルに回す行為は——レンタル店が登場した当時には現在のような貸与権が著作権者や実演家、レコード製作者に認められていなかったから——彼らの許諾を得る必要はなかったし、また利用者が借りたレコードを録音しても、私的使用のための複製は複製権の侵害とはならない旨の規定が置かれていたため、これまた適法であり、レンタル店利用のどこの段階においても違法な行為は存在しなかったのです。

> 二段構えの貸与権の設定

このようにしてレンタル店は急成長を遂げましたが、これによって直接打撃を受けたのはレコード小売店であり、またレコードの売上げの低下によって作詞者・作曲者などの著作権者や歌手・レコード製作者などの著作隣接権者にも多大の影響を与えることになりました。そこでこれら権利者は自分たちの財産的利益の確保を目指し、立法運動を展開することになりました。立法の際には議員提案の特別立法が先行し、これが著作権法全体のバランスを破る結果となることをおそれた文化庁が著作権法の一部改正法を作って後追いするという複雑な経過を経て、昭和59（1984）

年にいたって著作権から派生する権利のひとつとして貸与権が認められ、他の権利と同様、著作者の死後50年まで存続することになりました。その一方で、実演家とレコード製作者に認められる貸与権については、これを2つに分け、まず国内において最初に販売された日から起算して1年間は許諾権としての性質を有するが、この期間経過後は報酬請求権としての性質に変わって49年間保護されるということになりました。

　このような実演家とレコード製作者に認められた貸与権の二段構成的な発想はどのようにして生まれたものなのでしょうか。これには次の理由が挙げられております。まず発売直後のレコードについてレンタルを認めると、市販用レコードの売上げを大きく低下させる危険性があるので、権利者を保護するために1年間は許諾権としての性質をもつ貸与権を与え、権利者の許諾なしにはレンタル店はレコードのレンタルができないようにすることが必要である。だが、その後は著作権法上の他の規定とのバランスを考慮し、またレンタル店が法の改正時までにすでに多数存在していて彼らの営業を保障する必要もあることなどから、権利者は許諾を拒否できないにしても、一定の報酬が得られればそれでよしとすべきだ、というのがその理由です。この立法では、レコードの発売後1年間についてはレコード製作者側はレンタルの許諾を拒否できることになったわけですが、レンタル店の利用者の大部分が若年層であって、彼らは流行に敏感であるため、発売後1年後のレコードには見向きもしないことを考えますと、レコードの1年間の貸与禁止はレンタル店の死命を制することになることは明らかです。そこで当然のことながら、レンタル店側のはげしい抵抗を受けることになったのです。その結果、文化庁が仲立ちして日本レコード協会と日本レコードレンタル

第9章　著作隣接権

商業組合との間で交渉が続けられ、いくつかの曲折を経ながらも、現在では発売後3週間のレンタル禁止という線で合意が成立し現在にいたっています。

> 洋盤の扱い

以上は邦盤についての推移ですが、洋盤についてはどうであったでしょうか。

実演家とレコード製作者については、貸与権の創設当時、わが国がまだ実演家等保護条約に加入していなかったこともあって、外国の実演家とレコード製作者には貸与権が認められていなかったのですが、平成元 (1989) 年に同条約に加入し、平成3 (1991) 年に国内のCDレンタルの円滑な運用についてのルールが関係者間で成立したことを受け、著作権法を一部改正して外国の実演家とレコード製作者についても貸与権を認めることにしました。

このようにしてレコードの貸与に関する権利は外国の実演家とレコード製作者にも認められることになりましたが、国内関係者は、これら外国の実演家とレコード製作者の権利行使も、前述の国内のレコード製作者と日本レコードレンタル商業組合との間で合意をみたルールに従って行われるものと読んでいました。ところが、米国の大手レコード製作者は、日本のルールはわれわれとは無関係であるとして、1年間認められた許諾権としての貸与権をタテに、発売後1年間のレンタル禁止を宣言し、この態度は現在にいたるも変えておりません。したがって、洋盤については、発売後1年を経過したCDについてのみ許諾なしにレンタルをすることができるということになっており、そのため洋盤専門のレンタル店のなかには廃業したものもありますが、多くは邦盤専門に切り替えたり、さらにはビデオレンタルを取り込んだりして、必死に生き残り策を講じてい

るのが実情です。

Q124 私どもの放送局では、市販のCDを購入してこれを放送していますが、ある人から実演家とレコード製作者に使用料を支払わないといけないとの忠告を受けました。自社で購入したものを使っているだけなのに、なぜ使用料を支払わなければならないのでしょうか。パチンコ店などでも店内でCDを流していますが、使用料を支払っているとは聞いたことがないのですが。

商業用レコードの二次
使用料請求権

　市販されている商業用レコードを入手した放送事業者や有線放送事業者が、このレコードを使用して音楽放送をさかんに行うようになると、実演家は生演奏の機会を失い、レコード製作者も売上げが低下して大きな経済的なダメージを受けることになります。そこで彼らを守る目的で、放送事業者と有線放送事業者（以下、放送事業者等といいます）が購入など合法的に入手したレコードを用いて放送等を行った場合に、実演家とレコード製作者に対して一定の報酬を支払うべきことが定められております（著作95条1項）。これを実演家とレコード製作者側からみて商業用レコードの二次使用料請求権といいます。二次使用というのは、市販されているレコードを購入する行為がレコードの一次使用であるとすれば、これを放送する行為が二次使用に当たるからです。なお、この権利は許諾権ではなく、請求権として性格付けられていますから、放送に使用するにあたって実演家やレコード制作者に許諾を求める必要はなく、使ったあとで一定の報酬を支払えばよいというものです。

実演家とレコード製作者が請求できるといっても、個々の実演家やレコード会社からばらばらに請求されても放送事業者等は応接にいとまがなくなりますので、文化庁長官が指定した団体（これを指定団体という）のみが請求できることになっており、現在のところ実演家については日本芸能実演家団体協議会が、またレコード製作者については日本レコード協会が指定団体として認められています。一方、二次使用料を支払う義務を負う者は、放送事業者と有線放送事業者だけです。商業用レコードの二次使用者としては、ほかにもレストラン、喫茶店、パチンコ店など多くのものがありますが、支払義務者の範囲をどこまで広げるかについては多くの異論があるため、当分の間、レコードを大量に使用し、かつ、その使用の効果も通常レコードが予定している範囲を超えて及んでいる前記2業種に限定することにしたものです。したがって、あなたの放送局も使用料を支払わなければなりません。

第10章

紛争の解決と罰則

　著作権に関するトラブルなどがよく新聞などで報道されています。トラブルにまきこまれないようにするためには、事前に権利者側と連絡をとって許諾を得ておくことが必要ですが、不幸にもトラブルが発生した場合にどのように対処すればいいでしょうか。また著作権を無視して作品などを勝手に利用するとどのようなしっぺ返しを受けることになるのでしょうか。

第 10 章　紛争の解決と罰則

1　トラブルの解決法

Q125 著作権をめぐるトラブルが発生したのですが、裁判によって黒白をつけるというのはどうも気が進まないのです。なんとか円満に解決する方法があるでしょうか。

裁判によらない紛争の解決

　著作権に関するトラブルを最終的に解決するのは、訴訟を提起して裁判所によって黒白を決するというのがもっともオーソドックスな方法です。しかし、この方法では後でシコリを残すところから、とくに日本人は嫌うようです。それでは、裁判によらないで解決するにはどのような方法があるでしょうか。これには以下のものが考えられます。

　(1)　**和解**　　当事者が互いに譲歩して、その間に存在する争いをやめる契約を和解といいます（民695条）。たとえば、AがBに対して著作権が侵害されたとして100万円の支払いを請求したところ、Bはその事実はないとして支払いを拒否したという争いにおいて、Aが請求額を50万円に切り下げたためBもそれに同意したという場合のように、互いに自分の本来の主張よりも50万円だけ譲歩して争いを解決するなどがその典型です。

　(2)　**あっせん**　　著作権法に規定する権利に関して紛争が生じた場合に、当事者の申請により、文化庁長官の委嘱する著作権紛争解決あっせん委員によってなされる紛争解決方法をいいます（著作105条）。この申請があった場合、文化庁長官は、事件の性質上あっせんするのに適当でないと認めるとき、または当事者が不当な目的でみだりにあっせんの申請をしたと認めるときは、あ

っせんに付さないことができますが(著作108条2項)、それ以外はあっせんに付さなければなりません。あっせんの付託が委員に対してなされた場合、委員は双方の主張の要点を確かめ、実情に即して事件が解決されるように努めなければならず(著作109条1項)、あっせんが終わったときは、その旨を文化庁長官に報告しなければならないことになっています(著作110条1項)。

(3) **調停** 民事上の紛争に関し、国家機関である裁判所が介入して当事者間に合意を成立させ、紛争を解決することをいいます。調停は当事者が互いに譲り合うことを基調としていますので、この点では和解と似ていますが、和解は裁判所の介入が無いのに対し、調停は裁判所によってなされるところに特徴があります。調停は民事調停法の規定によって処理されることになります。

(4) **仲裁契約** 当事者間に存在する私法上の紛争を第三者である仲裁人の裁定に委ねる契約をいいます。第三者に解決を委ねる点で和解と異なり、国家機関が介入しない点であっせん、調停あるいは訴訟とは異なります。仲裁契約はそれだけ独立して結ばれる場合と、著作権の取引契約を結ぶ際にそのなかに含まれて結ばれる場合とがあります。いずれにしても仲裁手続が開始されると、仲裁法の規定に従って処理され、そこで下される仲裁判断は、裁判所の確定判決と同一の効力をもつものとして当事者を拘束することになります。

2 民事上の救済

著作権・著作者人格権・著作隣接権などの侵害があった場合に被害者たる権利者は、加害者に対して受けた損害を金銭によって賠償

請求することができるほか、侵害行為の差止め（たとえば、無断で出版された書籍の回収や販売停止、さらには組版の廃棄など）を請求することができます（著作112条）。また著作者人格権・実演家人格権を侵害した場合には、損害賠償請求に代えて、または損害賠償とともに謝罪広告など名誉・声望を回復するための適当な措置を請求することができることになっています（著作115条）。

Q126 著作権を侵害されたので、加害者に対して損害賠償を請求しようと思っています。その額の算定はどのようにすればよいですか。

損害額の算定―原則

損害賠償の範囲は、民法の不法行為の場合と同様、加害者の侵害行為と相当因果関係に立つ損害を基準として算出されます（民709条）。つまり、加害行為によって失われた財産（積極的損害）と、加害行為がなければ本来入って来たであろう財産（消極的損害）、さらには加害行為によって権利者が受けた精神的損害までを対象とし、これらの損害のうち加害行為によって通常考えられる範囲内までを賠償の限度とするというものです。とはいうものの、被害者である著作権者が自分の受けた損害の額を立証するのは容易なことではありません。そこで著作権法は、著作権者を保護するために損害額の算定について次のような特則を設けています。

譲渡等数量による損害額の推定

たとえば、著作権者自身が複製物を販売している場合に加害者の侵害行為によって権利者の受ける損害を算定する際には、「侵害によって生じた販売部数の減少数」×「一部当

たりの権利者の利益」によることになります。「侵害行為によって生じた販売部数の減少数」を算定するには、「侵害行為」と「販売部数の減少数」の間の相当因果関係を立証しなければならないわけですが、これはきわめて困難です。なぜなら、販売が伸びない理由として加害行為以外の理由も十分考えられるからです。そこで、著作権の独占的性質を考慮すると、「侵害行為によって生じた販売部数の減少」は「加害者の販売部数」と同じであることが相当因果関係上肯定されるとして損害額の算定が許されるならば、権利者の立証負担が軽減される、との判断にもとづいて、平成15（2003）年の法改正によって次の規定が新設されました。それは、加害者が侵害行為によって作成された物を譲渡し、または侵害行為を組成する公衆送信（送信可能化を含む）を行ったときは、①その譲渡した物の数量またはその公衆送信によって受信者が複製した物の数量（これを「譲渡等数量」といいます）に、②権利者が侵害行為がなければ販売することができた物の単位数量当たりの利益の額を乗じて得た額を、③権利者の当該物に係る販売その他の行為を行う能力に応じた額を超えない限度において、権利者の損害額とすることができるものとしました。ただし、譲渡等数量の全部または一部に相当する数量を権利者が販売できない事情があるときは、その事情に相当する数量に応じた額の減額は認められることになります（著作114条1項）。これは特許法102条1項の規定にならったものです。

加害者の利益の額による損害額の推定　損害賠償請求訴訟においては、被害者たる著作権者が自分の受けた損害の額を立証するよりも、加害者の受けている利益の額を立証するほうが、より簡単であるという場合が少なくありません。そこで著作権法は、加害者の利益の額を著作権者

の損害の額と推定し、前者を立証することによって損害賠償請求をすることができることとしました（著作114条2項）。

> 使用料相当額の認定

著作権者の受けた損害額の証明は、上記の損害額の推定の規定があるにせよ、困難な場合が多いのが実情です。そこで著作権法は当初、著作権者は著作権の行使につき「通常」受けるべき金銭の額に相当する額を自分の受けた損害の額として請求できるものとしていました。ここに通常受けるべき金銭の額に相当する額というのは著作物使用料相当額を意味しており、たとえば、JASRACのように著作権管理事業者の定めた著作物使用料規程のあるものについては、実損害の額の証明を要せずにそこで定められている一定の金額を請求できるという点では簡便な方法ということができます。しかし、著作物使用料規程によって判断するということは、加害者は誠実に許諾を受けた者と同じ額を賠償すればよいということになり、これは違法者を適法者と同等に扱うという結果となって必ずしも妥当とはいえないことになります。そこで平成12（2000）年の法改正は、上記の「通常」という文言を削除し、使用料相当額の認定においては、一般的相場にとらわれることなく、訴訟当事者間の具体的事情を考慮して妥当な額を認定することと改めております（著作114条3項）。

もっとも、この規定があるからといってこの額を超える損害賠償が否定されるわけではありません。ただ著作権侵害の場合、損害の額が巨額に及ぶおそれがでてくるため、法は著作権の行使につき受けるべき金銭の額に相当する額を超える賠償額については、加害者が軽過失のときに限り、裁判所は賠償額を定めるに際してそれを参酌できるものとして、加害者の過度な負担からの救済の途を開いて

おります（著作 114 条 4 項）。

以上述べたことは、著作権侵害のみならず、著作隣接権の侵害の場合についてもあてはまります。

<u>著作者人格権・実演家人格権侵害の場合</u>　著作者人格権・実演家人格権の侵害があった場合には、著作者・実演家は加害者に対して加害行為によって受けた損害（精神的損害）の賠償を請求することができます。とはいうものの、著作者・実演家の受ける精神的損害には個人差があるためその認定は非常に困難をきわめます。要は、著作者・実演家の社会的地位、知名度、加害の程度など諸般の事情を考慮して裁判所が決定すべき事柄で、当事者の主観的事情は決定的な要因とはならないものと考えるべきだと思われます。

3　刑事上の制裁

著作権・出版権・著作隣接権を侵害した者に対しては 10 年以下の懲役もしくは 1000 万円以下の罰金が科せられ、またはこれが併科されます（著作 119 条 1 項）。また著作者人格権・実演家人格権を侵害した者に対しては 5 年以下の懲役、もしくは 500 万円以下の罰金が科せられ、またはこれが併科されます（著作 119 条 2 項 1 号）。いずれも親告罪ですので、被害者からの告訴がなければ訴追することはできません。また法人もしくは個人としての使用者に従属して業務を行う従業者が、その業務に関して上記の犯罪を犯した場合は、行為者本人だけが処罰されるのではなく、使用者たる立場にある法人または個人もまた処罰の対象とされます。その場合の刑罰は 3 億円以下の罰金となっています（著作 124 条 1 項 1 号）。以上が基本と

なっていますが、それ以外にも多くの規定を置いて対処しています。詳細は著作権法119条〜124条を参照してください。

以下においては、コメントを要する重要なものについて述べることにします。

Q127 ファイル共有ソフトを使って新譜の楽曲をアップロードしました。ダウンロードする人から金銭をとるという目的ではなく、すぐれた楽曲をできるだけ多くの人に知ってもらいたいと思ったからです。これでも著作権法に触れますか。

送信可能化権の行使　　インターネット時代を迎え、無数の情報がサーバーにアップロードされ、それがほかのユーザーによってダウンロードされ、利用されるという現象が日常、頻繁に行われるようになって、われわれの生活に多大の利便をもたらしていることはご存知のとおりです。とくに音楽の領域においてはこの傾向が著しく、現在では市販のCDを買うよりもネットで送受信するという方法で入手するという手軽な手段が若者の間に好まれているようです。このうち自動公衆送信権の処理をした楽曲がダウンロードされるのは問題ありませんが、著作権者の許諾を得ずに送信されている場合には自動公衆送信権の侵害となり、刑事罰の対象となるほか、民事上も損害賠償請求や差止請求の対象となります。しかしながら、昼となく夜となく無数に飛び交っている違法送信行為を権利者がそれをキャッチして適切に権利行使するということは実際問題として不可能なことですので、自動公衆送信権では権利者側の保護にはほとんど機能しないというのが現状です。そこで考え出されたのがサーバ

3 刑事上の制裁

ーにアップロードされたその状態に著作権を及ぼすという方法です。アップロードされただけでは、いまだ公衆に送信されていないので自動公衆送信権の出番はなく、権利侵害は本来発生していないはずです。しかし、アップロードされた情報はYahoo!、Googleなどの検索エンジンによって容易に捕捉することができ、ここに網を被せることができるならば、権利者の救済としては十分であるといえます。そこで、この考えにもとづき、WIPO著作権条約において送信可能化権が認められ、平成9（1997）年の著作権法の一部改正によってわが国においても承認されるにいたっております。

したがって、**Q127**の場合、あなたが好意的に行ったとしても、著作権者の送信可能化権が働きますので、権利者に無断でアップロードすれば、違法行為として刑事罰が適用（10年以下の懲役もしくは1000万円以下の罰金またはこれの併科）されるほか、差止請求や損害賠償請求を受けるおそれが出てきますので、注意が肝要です。

Q128 インターネット上で違法に配信されている音楽をダウンロードして聴いていますが、これはいけないことでしょうか。いけないことであるとすれば、違法な配信か否かを区別するにはどうすればいいですか。

違法ダウンロードの罪

Aの作成した音楽や映画をAの許諾なしにBがインターネット上にアップロードした場合に、Bの行為がAの複製権や送信可能化権の侵害に当たり、さらにCがアクセスしてダウンロードすればBはAの自動公衆送信権を侵害したものとして扱われます。ところが、そのような違法に配信された著作物

をダウンロードするCについては、本来であれば複製権の侵害に当たるものの、それが私的使用のためであれば自由であるというのが、かつての規定でした。しかし、インターネットの普及により、携帯電話向けの違法音楽配信サイトやファイル共有ソフトなどを利用して、違法に配信されている音楽や映像作品をダウンロードする行為が多発し、正規の市場を侵すおそれが生じてきました。そこで権利者を守るために、平成21（2009）年の法改正によって、違法な配信であるという事実を知りながらダウンロードする場合には権利者の許諾が必要であるとし（著作30条1項3号）、許諾を得ないでこれらの行為を行った場合は著作権侵害に当たるものと改めました。これによって権利者は民事上の救済（損害賠償請求など）を受けることにはなったわけです。ところが、これには罰則の適用はなかったことから違法配信のダウンロードを抑止する効果としては十分ではなく、権利者側からは違法行為を行った者に対して罰則を課すべきだと強い要請が生じてきたのです。そこでこれに応える形で、平成24（2012）年の著作権法の改正によって、違法行為を行った者に対して2年以下の懲役もしくは200万円以下での罰金またはこれを併科することにしました（著作119条3項）。これが違法ダウンロードの罪というものです。

　この罪に問われる者は、私的使用の目的をもって、有償著作物等の著作権または著作隣接権を侵害する自動公衆送信を受信して行うデジタル方式の録音・録画を、自らその事実を知りながら行って著作権または著作隣接権を侵害した者に限られます。ここでいう有償著作物等とは、録音・録画された著作物または実演等であって、有償で公衆に提供・提示されているものをいいます。したがって、たとえば、市販されているCDやDVD作品、有料でインターネット

配信されている作品などがこれに該当しますが、民放のテレビドラマ番組のように有償で公衆に提供・提示されていない作品についてはこれに該当しないことになります。もっとも、これらについては違法に配信されたものであるかぎり、刑事罰の適用はないものの、民事上の責任の追及は免れないことに注意する必要があります。

刑罰の対象となるのは、違法な自動公衆送信の受信行為ですから、自動公衆送信以外の形式、たとえば親しい友人宛にメールに添付して送付された音楽ファイルをダウンロードしても刑罰の適用はありません。また受信してデジタル方式の録音・録画をする場合に限られますので、違法に配信されている音楽や映像を単に視聴するだけでは刑罰の対象となることはありません。

違法な配信であることを知りながら録音・録画をすることが要件となっていますので、知らないで録音・録画した場合には罰則が適用されることはありません。違法な配信であるか否かの１つの目安として、「エルマーク」の表示があります（【図表11-1】）。これは日本レコード協会が発行しているもので、正規の音楽・映像の配信サイトで表示されているマークです。パソコン向けサイトや携帯電話向けサイト、レコード会社・映像製作会社の公式サイトのトップページや、購入ページ（ダウンロードボタンや購入ボタンのあるページ）、再生画面ページなどに表示されており、このマークがあれば適法な

【図表10-1】エルマーク

第 10 章　紛争の解決と罰則

ダウンロードできる正規コンテンツを示す「ダウンロードOK」　視聴のみできる正規コンテンツを示す「視聴のみOK」　転載もできる正規コンテンツを示す「転載OK」

配信であることが分かります。もっとも、これは1つの目安にすぎないのであって、このマークが表示されていないからといってそのすべてが違法なものというわけではありませんので、注意が肝要です。

Q129 私はファイル共有ソフトを開発し、ウェブサイトで公開していましたが、これを利用して著作権者に無断でゲームソフトをアップロードした者が著作権法違反の罪に問われました。私はそれを幇助したので罪に問われるのではないかと友人が心配しています。そのおそれがあるのでしょうか。

> ファイル共有ソフトの使用と著作権侵害

　ファイル共有ソフトとは、P2P（Peer to Peer）技術等を用いて、インターネットを介して不特定多数のユーザー同士が音楽や映像作品などを共有することを目的としたソフトウェアのことで、現在では複数間でのやり取りが可能になっているところから、ファイル交換ソフトとも呼ばれています。代表的なソフトとしては、Napster（1999年公開）、Gnutella（2000年公開）、日本製のソフトでは Winny（2002年公開）や Share（2003年公開）などがあります。これらのファイル共有ソフトは、それ自体は多様な情報の交換を通信の秘密を保持しつつ効率的に行うことを可能とし

て、さまざまな分野に応用のできるソフトですが、ユーザーがこれを使って権利者に無断で音楽や映像、さらにはゲームソフトなどの著作物をアップロードしてインターネット利用者に提供するというケースが多く現れるようになってきました。このような行為は送信可能化権の侵害に当たることはもちろんです（☞**Q127**）。また第三者が共有フォルダにアクセスして違法配信であることを知りながら著作物をダウンロードした場合には著作権の侵害に該当し、罰則の適用を受けることになります（☞**Q128**）。

それでは、**Q129**のようにファイル共有ソフトを開発してインターネット上に提供した者はその犯罪行為を幇助したとして刑法上の責任を追及されることになるでしょうか。これには判例が1つありますので紹介しましょう。事案は、ファイル共有ソフトであるWinnyを開発し、その改良を繰り返しながら順次ウェブサイトで公開し、インターネットを通じて不特定多数の者に提供していたところ、これを利用してゲームソフトをインターネットを通じて自動公衆送信できる状態に置いた者が著作権法違反罪に問われ、ファイル共有ソフトの開発者が幇助犯に当たるとして起訴された、というものです。原判決では、Winnyのような、適法な用途にも著作権侵害という違法な用途にも利用できる、いわば価値中立的なソフトであるという点に着目し、「ソフトを違法行為の用途のみに又はこれを主要な用途として使用させるようにインターネット上で勧めてソフトを提供する場合」に限って幇助犯が成立すると判断しました。ところが最高裁は、さらにその範囲を限定し、「ソフトの提供者において、当該ソフトを利用して現に行われようとしている具体的な著作権侵害を認識、認容しながら、その公開、提供を行い、実際に当該著作権侵害が行われた場合や、当該ソフトの性質、その客観的

利用状況、提供方法などに照らし、同ソフトを入手する者のうち例外的とはいえない範囲の者が同ソフトを著作権侵害に利用する蓋然性が高いと認められる場合で、提供者もそのことを認識、認容しながら同ソフトの公開、提供を行い、実際にそれを用いて著作権侵害（正犯行為）が行われたときに限り、当該ソフトの公開、提供行為がそれらの著作権侵害の幇助行為に当たると解するのが相当である。」と判示しています（最判平成23・12・19刑集65巻9号1380頁）。このことからすると、幇助犯として処罰の対象とされるケースはあまりないのではないかと思われます。

Q130 コピーのできないような装置のかかっているソフトにつき、その装置を解除してコピーできるようにしたり、解除できるソフトを作って販売したりすることは、**著作権法に抵触することに**なるのでしょうか。

技術的保護手段の回避　　デジタル方式の複製技術の進展により、本物とまったく異ならない複製物が簡単に作成できるようになりました。これによって、多大の資金が投入され、完成までに多くの人手と手間がかけられているソフトがいとも簡単にコピーされ、ソフト作成者の利益が大幅に損なわれるといった事態が生ずるにいたっております。そこで、これを防ぐため作成者側はコピー・プロテクションをかけるさまざまな工夫をこらしています。このようなコピー・プロテクションを著作権法では技術的保護手段と呼んでおります。正確には、電子的方法、磁気的方法、その他の人の知覚によって認識することができない方法により、著作者人格権、著作権、実

演家人格権、著作隣接権の侵害行為を防止・抑止する手段のことをいいます（著作2条1項20号）。具体的には、コピーができないようにするか、あるいはコピーできたとしても画像が乱れて観賞にたえないようにするため、著作物に信号を付加したり、著作物を暗号化したりする方法がとられているようです。

　ところが、このようなコピー・プロテクションを解除あるいは回避するための装置を作成し、これを提供する業者が登場してきているのが現状です。この装置を使用してソフトをコピーすれば、たとえそれが私的使用の目的であっても、プロテクションが解除されたものであることを知りながら行うときは複製権の侵害として処理されます（著作30条1項2号）。しかし、ソフトのコピーの現場を捉えることは実際問題として不可能に近いところから、権利者を保護するための効果的方法としては、解除・回避装置の製作や販売の段階で抑えることが望ましいといえましょう。そこで平成11（1999）年と24（2012）年の法改正により、著作権等侵害行為を未然に防止する趣旨で、回避装置（または回避プログラム複製物）の①公衆への譲渡・貸与、②公衆への譲渡・貸与の目的での製造・輸入・所持、③回避プログラムの公衆送信・送信可能化などの行為をした者、および、④業として公衆からの求めに応じて技術的保護手段の回避を行った者に対して、3年以下の懲役もしくは300万円以下の罰金、またはこれが併科されることになっています（著作120条の2第1号、2号）。これは非親告罪で誰でも告発できますので注意が肝要です（著作123条1項）。

第11章

国際間における著作権の保護

　文学作品や音楽はもとより、すべての著作物は国境を越えて他の国々でも利用することが可能です。ましてインターネットの時代の今日、その流通量ははかりしれないほどの大量に及んでいるはずです。このような状況下においては著作権の保護は一国だけの問題ではありません。国際的にどのような保護を受けるかを知ることは、今後の著作権実務には不可欠なことといえましょう。ここではこの問題について扱いましょう。

第 11 章　国際間における著作権の保護

Q131 ベルヌ条約についてその概要を教えてください。

ベルヌ条約とは

　文豪として名高いヴィクトル・ユーゴーの傑作である「レ・ミゼラブル」は彼の母国であるフランスにおいてベスト・セラーになったのはもちろんのこと、近隣のドイツ、ベルギー、英国などにおいてもベスト・セラーとなりました。しかし、印税はフランス以外の国からは彼のもとに1銭も送られてきませんでした。それもそのはず、19世紀後半のその当時は著作権を国際的に保護する条約は存在していなかったので、著作権制度はヨーロッパの各国それぞれに国内法としてあったものの、それは自国民を保護するだけのもので他国民を保護する必要はなかったからです。つまり、他国の国民の作った作品は自由に使ってかまわないという状況にあったわけです。このことを知ったユーゴーは、文化の伝播は国境の壁を乗り超えて及んでいくのに保護が一国内にとどまるのはおかしいと考え、たまたま国際著作権法学会の会長であったこともあって、著作権の保護に関する条約をつくるべきだとの呼びかけを各方面にしました。この呼びかけに応えたのがスイスの大統領であり、各国に条約作成のための国際会議をベルンで行うことを提唱しました。この提唱は一般に歓迎され、1884年、1885年と会議が続けられ、ついに1886年にベルヌ条約（正式には「文学的及び美術的著作物の保護に関する条約」という）が成立しました。ベルヌ条約は成立以来、ほぼ20年ごとに部分的な修正を施してきて、1971年のパリ改正条約にいたっております。わが国は1899年にこの条約に加盟して以降、相次ぐ改正をすべてフォローして現在にいたっております。

ベルヌ条約の特色は、まず第一に、内国民待遇の原則を掲げたことです。つまり加盟国は国内法上、自国民と外国人とを保護の点で区別してはならないということです。もっとも、例外がひとつだけ許されており、外国人が本国で保護を受ける以上の保護を他の加盟国は与える必要はありません。したがって、たとえば、日本では保護期間は著作者の死後50年ですが、死後30年しか保護しない国の国民の著作物については、日本国内においては30年で保護が打ち切られるということになります。第二に、無方式主義をとったことです。これにより、世界中のほとんどの国が著作権の保護に手続は不要という考え方をとるようになりました。第三に、著作権の保護期間を少なくとも著作者の死後50年としたことです。

Q132 本の奥付などに©の記号をよくみかけますが、どのような意味をもっているのでしょうか。

万国著作権条約の成立

　著作権を国際的に保護する条約でもっとも古くから存在しているのは、1886年に成立した「ベルヌ条約」です。この条約の最大の特徴は、著作権の保護に関して無方式主義を採用したことにあります。すなわち、同条約の加盟国国民は著作物が創作されると登録とか納本などの法的な手続をとらなくても直ちに著作権が発生し、加盟国のどの国においてもその国の著作権法で保護されるという方式をとっています。わが国は1899年以来、この条約の加盟国として無方式主義を国内法で採用しています。このベルヌ条約にはヨーロッパの国々をはじめ多くの国が加盟しており、わが国はこれらの国との間では法的手続はいっさい不要で互いに保護

第11章 国際間における著作権の保護

し合っています。ところが、米国はじめ中南米のいくつかの国においては国内法で方式主義を採用していたため、ベルヌ条約に加盟していませんでした。そこで、とくに米国との間では、わが国をはじめ多くの国が2国間条約を結ばざるをえないということでなんとか著作権の相互保護を果たしていましたが、それはきわめて複雑で国際的な文化交流の障害となり（たとえば、米国が1909年当時に締結した2国間条約はその数41に達したといわれています）、当事国における不満は解消されなかったのです。

そこで、第二次世界大戦後に国連の一機関であるユネスコは、ベルヌ条約とその他の条約の効力に抵触することなしに、あらゆる国の加盟を可能とする新たな条約を作成しようと試みました。この結果、1952年にジュネーヴで成立をみたのが万国著作権条約です。この条約の特徴は、無方式主義国と方式主義国との架橋を図ったことにあります。すなわち、無方式主義国の著作物が方式主義国で保護を受けるためには、本来、その国で定める所定の要件（たとえば、登録とか納本など）を履行しなければなりませんが、この条約は、すべての複製物に©表示を付することにより、方式主義国の要件を充たしたものと扱うことにし、方式主義国と無方式主義国それぞれの体制を維持しながらも、手続を簡略にすることによって両者間の架橋を図ったものです。

©表示とは

©表示とは、①©の記号（著作権を表すCopyrightの頭文字）、②著作権を有する者の氏名、③最初の発行の年、の3要素から成っており、これらの要素の1つを欠いても©とは認められないことになっています。したがって、わが国の著作物はすべての複製物にこの©表示を印刷しておけば米国など方式主義

国の手続をとったものとして扱われることになったわけです。注意しなければならないのは、この©は方式主義国との間でのみ要求されるものですから、ベルヌ条約加盟国のように無方式主義国との間では従来どおりこの表示はなくても保護されます。

　ところで米国は、1989年にベルヌ条約に加盟しましたので、米国との間ではもう©表示はなくても互いに保護されることになりました。そのため万国著作権条約の比重は相対的に低下し、現在では世界中ほとんどの国においてこの表示がなくても保護されるようになったといっても過言ではありません。

Q133 WIPO著作権条約とはどのような特色をもっているのですか。

WIPO著作権条約とは

　ベルヌ条約に米国が加盟したことにより、同条約の存在意義は従来にもまして高まったといえ、加盟国の総数も2012年10月末現在には166か国に達し、世界中のほとんどの国が加わるにいたりました。ところが、その反面、困った事態が発生してきました。コンピュータ技術の急速な発展に伴い、世はまさにデジタル化、インターネット化の時代に入ってきました。そして、このような技術の進展に即応するためには著作権制度の大幅な見直しが求められるようになってきたのです。もちろん、先進国では国内法を改正して対応していますが、国際的な保護ということになると、ベルヌ条約の改正を行わなければなりません。ところが、同条約を改正するには全会一致が必要となっています（同条約27条3項）。これは同条約がまだその揺籃期に数少ない加盟国を念頭に置いて取り決めを行ったからです。ところが、現在のように世界中のほとん

どの国が加盟し、しかも技術の進展の度合いに大きな差異のある先進諸国と発展途上国との間では考え方にも大きな相違がある状況では、意見の一致をみることがほとんど不可能な状況になってきました。ベルヌ条約が1971年のパリにおける改正条約以降、まったく改正が行われていないのはこのような状況によるものです。そこでこのような難局を打開する方策としてとられたのが同条約20条の「同盟国政府は、相互間で特別の取極を行う権利を留保する。」という規定を活用することでした。これはベルヌ条約を基礎にしながらも、ベルヌ条約加盟国の相互間で別の条約を結ぶことを許すもので、この規定を根拠として世界知的所有権機関（WIPO）によって作られた条約がWIPO著作権条約（正式名称は「著作権に関する世界知的所有権機関条約」という）です。1996年に作成されました。この条約の主な内容は、①コンピュータ・プログラムの保護、②データベースの保護、③譲渡権の享有、④商業的貸与権の享有、⑤公衆への伝達権の享有、⑥写真の著作物の保護期間の拡大、などです。わが国は平成12（2000）年に批准書を寄託し、平成14（2002）年に効力が発生しています。

Q134 テレビ局の者ですが、このたび北朝鮮当局が製作したニュース映画を入手したので、これを「北朝鮮の現状」と題して放映したいと考えています。無断で行って差し支えないでしょうか。

未承認国の著作権

ご承知のように、北朝鮮はわが国が未だ承認していない数少ない国のひとつです。したがって、本来であれば、北朝鮮の著作物はわが国では保護の義務がないため、自由に使える

はずです。ところが、ここで問題がひとつあります。北朝鮮は2003年1月28日、著作権を保護する国際条約であるベルヌ条約に加入書を寄託し、同条約は同年4月28日から北朝鮮につき効力が生じているからです。同条約では加盟国に対して自国民と同等の保護を他の国の国民にも与えることを義務づけており、これを受けてわが国の著作権法は、第6条において、「条約によりわが国が保護の義務を負う著作物」を保護しなければならない旨を明記し（著作6条3号）、さらに日本国憲法98条2項が「日本国が締結した条約及び確立した国際法規は、これを誠実に遵守することを必要とする。」と規定しているところからみると、未承認国である北朝鮮の著作物もまた日本国内では保護しなければならないようにみえるからです。しかし、これを肯定すると、北朝鮮のベルヌ条約への加入をもってわが国が国家承認したと同視できることとなり、わが国の基本方針と合致しなくなるおそれが出てくるという、二律背反の厄介な問題が生じてきます。

じつは **Q134** と同様の事件が実際に起きたのです。北朝鮮の行政機関が製作した映画を入手した日本のテレビ会社がその一部をニュース番組で放映したところ、無断で放映したことが公衆送信権を侵害したとして訴えられたという事件です。この事件で知財高裁は、「未承認国は、国家間の権利義務を定める多数国間条約に加入したとしても、同国を国家として承認していない国家との関係では、国際法上の主体である国家間の権利義務関係が認められていない以上、原則として、当該条約に基づく権利義務を有しないと解すべきことになる。」と判示し、北朝鮮の著作物は「条約によりわが国が保護の義務を負う著作物」には当たらないとして保護を否定しています（知財高判平成20・12・24著作権判例百選［第4版］228頁）。たしかに、

第 11 章　国際間における著作権の保護

ベルヌ条約のように、登録という国家の一方的行為によって自動的に加入が認められる条約の場合には、既存の加盟国にはこれに異議を唱える機会が与えられていないため、条約への加入がイコール加盟国家による黙示の国家承認と解するのは無理だと思われます。したがって判例のいうように無断で利用しても差し支えないと考えるべきでしょう。

事項索引

アルファベット
CDレンタル　151, 176
CDレンタル店　259
©の記号　283
©表示　284
Google　132
H大学懸賞論文事件　110
N鉄工事件　43
TRIPS協定　84
WIPO著作権条約　84, 132, 145, 285
Yahoo!　132

あ　行
アイデア　56, 57
あっせん　266
異国の丘の作曲者　27
イサム・ノグチ　108
意思無能力　59
意匠　17
意匠権　70
　——と著作権の重複適用の可能性　72
　——と著作権の相違　70
遺族　114
一身専属性　97
違法ダウンロードの罪　273
インストール　213
印税　240
インターネット　188

インターネット送信　235
インタビュー記事　39
引用　185
　——の仕方　185
歌会始　53
写り込み　181
映画化　85
映画スターのブロマイド写真　79
映画製作者（映画製作会社）　50
映画著作物　60, 150
　——・著作権者　49
　——の保護期間　162
映画の著作物性　77
映画の盗撮　180
映画の盗撮防止　180
営利を目的としない上演、演奏等　201
遠隔授業　195
　——における著作物の公衆送信　191
演奏権　124
応用美術　72
公に伝達する権利（公の伝達権）　130, 136
音楽著作権管理団体　10
音楽の著作物　60, 64

か　行
加害者の利益の額による損害額の推定　269

事項索引

学術著作権　245
確信変更にもとづく出版権消滅請求権　239
楽譜の無断コピー配布　202
雅号　104
カメラマン　50
カラオケの利用による営業行為　125
カラオケ法理　126, 133
カラオケボックス　124
監修者　36
感情　56
間接侵害　217, 220
官庁の内部資料としての利用　205
監督　50
機械の設計図　75
機関レポジトリ　48
技術的保護手段の回避　278
脚色　85
脚本家　49
キャッチフレーズ　62
キャラクター　65, 66
旧著作権法　8
旧法時代の映画の保護期間　165
教育機関において許される複製の範囲　191
教育機関における複製　190
教育機関における利用　189
教科書バリアフリー法　200
教科用拡大図書等の作成のための複製等　199
教材としてのパソコンソフトの複製　192
共著　32
共同著作者　30
共同著作物　30, 50
共有著作権の行使　41
許諾　3
許諾権　261
許諾料　4
クラブ・キャッツアイ　125
クリッピングサービス　123
訓令　91
刑事上の制裁　271
契約による私的使用のための複製の禁止　233
ゲームソフト　150
劇映画　165
結合著作物　33
　　――と共同著作物の区別の基準　34
　　――と共同著作物の違い　33
決定　91
原稿の展示　140
原稿料　240
言語の著作物　60
原作者　49
建築設計図　73
建築の著作物　60
　　――の増改築　108
権利の変動を公示するための登録　249
講演　57
公開の美術の著作物等の利用　208

校歌の利用　198
公共図書館内での上映会の開催
　　203
公衆　100
公衆送信　206
公衆送信権　90, 100, 130
公衆送信権等　127
口述権　137
高速道路パノラマ事件　23
公的機関における利用　205
公的機関のインターネット資料の収集　185
公的機関の広報資料等の転載　187
公表権　62, 98, 100
　——の機能　98
公表時起算　160
公表時起算主義　162
公表の同意の推定　101
公募　230
　——と著作権の帰属　231
広報資料　187
ゴースト・ライター　28
国際消尽　148
告示　91
国内消尽　148
国立国会図書館　183
個室カラオケ　125
国会中継　78
固定　78
コピー・アンド・ペースト　188
個別的利用可能性説　34
コンピュータゲーム　61

コンピュータ・プログラム　80

さ　行

裁定による利用　244
裁判所の判決　91
挿絵　37
座談会　40
作曲者　50
雑報　92
真田広之ブロマイド事件　79
シェアウェア　217
視覚障害者のための複製等　199
試験外での使用　196
試験問題としての複製　195
時事の事件の報道のための利用　207
時事の報道　92
システム設計書　45
思想　56
思想・感情　59
　——の表現　56
視聴覚障害者の利用　198
実演　257
実演家　254, 257
実演家等保護条約　254
実名登録　250
実用新案　17
私的使用のための複製の自由　174
私的録音・録画補償金制度　175
自動公衆送信権　130, 131
　——の侵害　272
市民講座　191

事項索引

氏名表示権　104
謝罪広告　268
写真の著作物　60
写真の著作物性　79
出所の明示　188
出版権　234
　――の譲渡　237
　――の譲渡の対抗要件　238
　――の設定　230, 234
出版者著作権管理機構　245
出版特許制度　5
シュリンクラップ契約　233
使用　74
上映権　126
上演権・演奏権　124
商業用レコードの二次使用料請求権　263
消極的損害　268
使用権　215
小冊子　209, 210
肖像権　24, 115
肖像写真　24
譲渡権　78, 143, 146
譲渡等数量による損害額の推定　268
商標　17
情報公開と公表権　102
情報公開法　103
常用漢字　106
使用料相当額の認定　270
条例　91
書簡の展示　141
職業別電話帳　87

職務著作　42
署名入りの記事　46
所有権　120, 157
シンガーソングライター　2, 22
新かなづかい　106
新規性　57
親告罪　271
審判　91
新法における映画の保護期間　166
制限の仕組み　172
制限の理由　172
精神的所有権論　6
精神的損害　268, 271
成年後見制度　59
積極的損害　268
絶版等資料の自動公衆送信による提供　184
先願主義　17
戦時加算　168
創作性　59
創作年月日登録　250
送信可能化権　130, 131, 273
　――の行使　272
即興演奏　64
ソフトウエア情報センター　250
損害額の算定　268
損害賠償　268

た　行

第一譲渡後の譲渡権の消尽　147
第一発行（または公表）年月日登録　250

代作　29
タイトルの変更　64
タイプフェイス　67
貸与権　78, 143, 151
ダウンロード　194
立ち読み　221
脱法行為　151
建物の移設　108
谷口吉郎　108
短歌・俳句　62
単純許諾契約　225
地図の著作物性　75
地図または学術的な性質を有する図面、図表、模型その他の図形の著作物　60
知的障害者　59
チャップリン　165
中古ソフト　151
仲裁契約　267
チューリップ　28
聴覚障害者等のための複製等　200
調査統計資料　187
調停　267
著作権　2, 18, 50
　——で保護されない著作物　90
　——の時効取得　246
　——の時効消滅　248
　——の譲渡　224
　——の制限　171
　——の成立　16
　——の全部譲渡契約　224
　——の相続人の不在の著作物　92
　——の保護期間　157
　——の一部譲渡契約　224
　——を放棄した著作物　93
著作権意識　4
著作権者　21
著作権者不明の場合の裁定制度　244
著作権制度　4
　わが国の——　8
著作者　21
　——の権利　18
　——の死後における著作者人格権の行使　113
　——の推定　27
　——の名誉・声望を害する著作物の利用　112
著作者人格権　50, 95
　——・実演家人格権侵害の場合　271
　——の意義　96
　——の種類　98
　——の性質　97
著作物　55, 56
　——の種類　60
　——の独占的利用許諾契約　225
　——の取引　224
　——の非独占的利用許諾契約　226
　——の録画とその利用　193
著作物使用料　4
著作隣接権　253, 254

事項索引

——の内容　255
——の保護期間　256
追及権　154
通俗小説　56
通達　91
データベース　88
——の著作物　89
手紙　61
デジタル・インターネット時代　13
テレビコマーシャル　51
テレビ番組の製作　25
転載　185, 189
転載禁止　188
展示権　59, 98, 112, 139
電子出版　234, 235
電子出版権　242
電子書籍　158, 241
同一性保持権　64, 105
——の侵害とはならない場合　110
同期の桜　27
投稿のリライト　107
盗作　53
登録　227, 249
図書館における複製　182
図書館利用者のための複製　182
図書資料のデジタル化　184
トラブルの解決法　266
取り壊す行為　109
トリック　58

な　行

内国民待遇　283
二次的著作物　40, 84
二次的著作物利用に関する許諾権　224
日本映像ソフト協会　194
日本音楽著作権協会（JASRAC）　198, 201
日本芸能実演家団体協議会　264
日本写真著作権協会　179
日本複製権センター　122
日本文芸家　245
日本文芸家協会　160, 179, 196
日本漫画家協会　179
日本レコード協会　261, 264
日本レコードレンタル商業組合　261
入試問題の著作権　47
ニュース映画　165
二輪の桜　27
ネットオークション　210
納本　18

は　行

排他的許諾契約　225
俳優　50
パスポート用写真　79
パソコン教室　192
バックアップ・コピー　211
発明　17
パブリシティ権　115
万国著作権条約　283
半導体集積回路配置　84

半導体チップ保護法　84
頒布　143
頒布権　78, 143, 151
美術工芸品　71
美術著作物等の譲渡等に伴う複製等　210
美術の著作物　66
　　——の展示に伴う複製　209
美術品の所有者による公の展示　142
ビデオレンタル　176
表現方法　57
標語　62
氷点ブーム　231
ファイル共有ソフト　272, 276
ファイル交換ソフト　276
フェアユース（fair use）　173
服飾デザイン　68, 70
複製権　90, 121
　　——の及ぶ範囲　121
　　——の侵害　3
不道徳な小説や絵画　56
舞踊または無言劇の著作物　60
プラーゲ旋風　9
プライバシーの権利　96, 100
フリーウェア　217
フローチャート　45
プログラム　44, 81
プログラム著作物　44, 60
　　——の複製物の所有者による複製　211
プロデューサー　50
分離可能性説　34

ベルヌ条約　7, 128, 282
編曲著作物　85
編集著作物　35, 37, 86, 89
ペンネーム　104
報告書　187
方式主義　19, 284
報酬請求権　261
法人の解散　93
法人著作　42
放送権　128, 130
放送事業者　254
法律　91
法律・政令・省令・条例・告示・判決　190
保護期間の経過した著作物　92
保護期間の原則　158
保護期間の相互主義　161
ポルノ小説　56
翻案　139
翻案権　82, 152, 224
翻案著作物　85
本のタイトル　63
翻訳権　152
翻訳ソフトの使用と製造・販売者の責任　219
翻訳著作物　85

ま　行

マニュアル　45
漫画　56, 66
漫才　41
三島由紀夫　61
未承認国の著作権　286

事項索引

水野錬太郎　8
みなし侵害　215
見本用の教材の無断使用　197
ミュージック・サプライ事件
　　128
民事上の救済　267
無断複製されたプログラムの使用
　　214
無方式主義　16, 19, 65, 283
無料での音楽会・映画会の開催
　　202
命令　91
メールの転送　99
模擬試験　195
物まね　257

や　行

館外への貸出し　204
有線送信権　130
有線放送権　129, 130
有線放送事業者　254
要約　139

予備校　192

ら　行

リーチサイト　217
料金表　56
利用と使用　220
リライト　85
リンク　216
隣接権　254
隣接権条約　254
レコード製作者　254
レコードの国内還流　149
レストランのメニュー　56
列車時刻表　56
ローマの休日事件　162
ロクラクⅡ事件とまねきTV事件
　　132

わ　行

和解　266
ワンチャンス主義　258

判例索引

最高裁判所

大判大正 3・7・4 刑録 20 輯 1360 頁	38, 65
最判昭和 63・3・15 民集 42 巻 3 号 199 頁	125
最判平成 9・7・17 民集 51 巻 6 号 2714 頁	67
最判平成 12・9・7 民集 54 巻 7 号 2481 頁	68
最判平成 13・6・28 民集 55 巻 4 号 837 頁	154
最判平成 14・4・25 民集 56 巻 4 号 808 頁	150
最判平成 19・12・18 民集 61 巻 9 号 3460 頁	164
最判平成 23・1・18 民集 65 巻 1 号 121 頁	136
最判平成 23・1・20 民集 65 巻 1 号 399 頁	133
最判平成 23・12・19 刑集 65 巻 9 号 1380 頁	278

高等裁判所

東京高判昭和 58・6・30 無体例集 15 巻 2 号 586 頁	57
東京高判平成 3・12・19 知的裁集 23 巻 3 号 823 頁	111
東京高判平成 9・9・25 行集 48 巻 9 号 661 頁	78
東京高判平成 11・7・13 判時 1696 号 137 頁	126
東京高判平成 13・10・30 判時 1773 号 127 頁	62
東京高判平成 18・4・26 判時 1954 号 47 頁	115
知財高判平成 20・12・24 著作権判例百選［第 4 版］228 頁	287
知財高判平成 24・10・25 最高裁 HP	52
知財高判平成 24・1・31 最高裁 HP	66

地方裁判所

東京地判昭和 39・12・26 下民集 15 巻 12 号 3114 頁	24
東京地判昭和 44・5・31 判時 580 号 92 頁	76
長崎地佐世保支決昭和 48・2・7 無体例集 5 巻 1 号 18 頁	72
大阪地判昭和 54・9・25 判タ 397 号 152 頁	57
大阪高判昭和 55・6・26 無体例集 12 巻 1 号 266 頁	31
東京地判昭和 57・12・6 無体例集 14 巻 3 号 796 頁	61, 83
横浜地判昭和 58・3・30 判時 1081 号 125 頁	61
大阪地判昭和 59・1・26 無体例集 16 巻 1 号 13 頁	61

判例索引

東京地判昭和 62・7・10 判時 1248 号 120 頁 …………………………………… 80
東京地判平成元・10・6 無体例集 21 巻 3 号 747 頁 …………………………… 210
大阪地判平成 4・4・30 知的裁集 24 巻 1 号 292 頁 …………………………… 75
大阪地判平成 4・8・27 知的裁集 24 巻 2 号 495 頁 …………………………… 31
東京地判平成 10・8・27 知的裁集 30 巻 3 号 478 頁 ………………………… 126
東京地判平成 11・10・8 判時 1697 号 114 頁 ………………………………… 61
東京地判平成 12・3・17 判時 1714 号 128 頁 ………………………………… 87
東京地決平成 15・6・11 判時 1840 号 106 頁 ………………………………… 108
東京地判平成 20・2・26 著作権判例百選［第 4 版］132 頁 ………………… 206
東京地判平成 25・9・30 判例集未登載 ………………………………………… 179

著者略歴

昭和8（1933）年　札幌生まれ。昭和31（1956）年北海道大学法学部卒業。青山学院大学教授、大学長、常務理事、院長代行、理事長を経て、青山学院大学名誉教授、青山学院名誉理事　法学博士
現職　弁護士（TMI総合法律事務所）、日本複製権センター理事長
主著　「著作権法の研究」（一粒社）、「著作権法概説（第15版）」（法学書院）、「不動産取引法の研究」（勁草書房）、「著作権の窓から」（法学書院）、その他多数

勁草法学案内シリーズ
著作権法案内

2014年7月20日　第1版第1刷発行

著者　半田正夫（はんだまさお）

発行者　井村寿人

発行所　株式会社　勁草書房（けいそう）

112-0005 東京都文京区水道2-1-1　振替　00150-2-175253
（編集）電話 03-3815-5277／FAX 03-3814-6968
（営業）電話 03-3814-6861／FAX 03-3814-6854
本文組版　プログレス・大日本法令印刷・中永製本所

©MASAO Handa　2014

ISBN978-4-326-49934-2　Printed in Japan

JCOPY　＜(社)出版者著作権管理機構　委託出版物＞
本書の無断複写は著作権法上での例外を除き禁じられています。
複写される場合は、そのつど事前に、(社)出版者著作権管理機構
（電話 03-3513-6969、FAX 03-3513-6979、e-mail: info@jcopy.or.jp）
の許諾を得てください。

＊落丁本・乱丁本はお取替いたします。

http://www.keisoshobo.co.jp

日本音楽著作権協会（出）許諾第1406552-401号

現代によみがえる名講義

我妻榮著　遠藤浩・川井健補訂	四六判	1,800 円
民法案内 1　私法の道しるべ　第二版		

我妻榮著　幾代通・川井健補訂	四六判	2,200 円
民法案内 2　民法総則　第二版		

我妻榮著　幾代通・川井健補訂	四六判	1,800 円
民法案内 3　物権法　上		

我妻榮著　幾代通・川井健補訂	四六判	1,800 円
民法案内 4　物権法　下		

我妻榮著　川井健補訂	四六判	2,000 円
民法案内 5　担保物権法　上		

我妻榮著　清水誠・川井健補訂	四六判	2,200 円
民法案内 6　担保物権法　下		

我妻榮著　水本浩・川井健補訂	四六判	2,000 円
民法案内 7　債権総論　上		

我妻榮著　水本浩・川井健補訂	四六判	1,800 円
民法案内 8　債権総論　中		

我妻榮著　水本浩・川井健補訂	四六判	2,000 円
民法案内 9　債権総論　下		

我妻榮著（水本浩補訂），川井健	四六判	1,800 円
民法案内 10　契約総論		

我妻榮著（水本浩補訂），川井健	四六判	1,600 円
民法案内 11　契約各論　上		

川井健著　良永和隆補筆	四六判	2,000 円
民法案内 13　事務管理・不当利得・不法行為		

―――――――――――――――――――――― 勁草書房刊

＊表示価格は 2014 年 7 月現在、消費税は含まれておりません。

勁草法学案内シリーズ

半田正夫
著作権法案内　　　　　　　　　　　　　　本書

七戸克彦
不動産登記法案内　　　　　　四六判　2,600円

鎌野邦樹
マンション法案内　　　　　　四六判　2,200円

藤木英雄・板倉宏
刑法案内　1・2　　　　　　　四六判　2,300円

著作権法コンメンタールの決定版
最新の理論水準と実務の取扱いを盛り込み，著作権法の現在を解説．

半田正夫・松田政行編　　　　　　　　　　A5判　9,000円
著作権法コンメンタール1　1条〜22条の2

半田正夫・松田政行編　　　　　　　　　　A5判　9,000円
著作権法コンメンタール2　23条〜90条の3

半田正夫・松田政行編　　　　　　　　　　A5判　9,000円
著作権法コンメンタール3
91条〜124条・附則・著作権等管理事業法

池村聡・壹貫田剛史　　　　　　　　　　　A5判　3,000円
著作権法コンメンタール別冊　平成24年改正解説

池村聡　　　　　　　　　　　　　　　　　A5判　2,800円
著作権法コンメンタール別冊　平成21年改正解説

司法試験合格の実力，実務処理能力を養成する詳解演習書．
松田政行　　　　　　　　　　　　　　　　A5判　4,000円
著作権法プラクティス

実演家の権利とそのあり方を考える．
公益社団法人日本芸能実演家団体協議会・実演家著作隣接権センター（CPRA）編
　　　　　　　　　　　　　　　　　　　　A5判　4,000円
実演家概論――権利の発展と未来への道

黒船到来！　著作権の問題群を直視する．
小泉直樹・奥邨弘司・駒田泰土・張睿暎・生貝直人・内田祐介
　　　　　　　　　　　　　　　　　　　　A5判　3,500円
クラウド時代の著作権法――激動する世界の状況